LAURY THILLEMAN

AVEC LA COLLABORATION DE **FABRICE THILLEMAN**

#SUMMER GOALS

30 jours pour être AU TOP !

SPORT • NUTRITION • MIEUX-ÊTRE

PHOTOGRAPHIES DE **PIERRE MOUTON**

FIRST ÉDITIONS

DIRECTION D'OUVRAGE : AMANDINE GOMBAULT | STORYTELLERSMEDIAS.COM
DIRECTION ARTISTIQUE ET MISE EN PAGE : CHARLOTTE CALAMENT | BE.NET/CHACALAMENT
PAGES « BUEN APETITO » : JUAN ARBELAEZ
LECTURE-CORRECTION : ADELINE DI VITO

CRÉDITS PHOTOS
PIERRE MOUTON : COUVERTURE + PAGES SPORT
ISTOCKPHOTOS : PAGES ORGANIC
Dans un soucis d'authenticité, les photographies ne sont pas retouchées.

Sommaire

Tonic

Organic

Positive

Reebok
Reebok

C'est mon papa qui m'a transmis les valeurs du sport, ma maman celles de l'hygiène de vie et de la *smile attitude* et mon amoureux est venu compléter le tout en approfondissant ma philosophie *food* et responsable !

Bref, je n'ai rien inventé et ce mode de vie « Au TOP : **T**onic **O**rganic **P**ositive » n'est que l'addition de ces trois piliers essentiels à mon équilibre, auxquels j'ajoute un soupçon de bon sens afin que chacun(e) d'entre vous puisse l'adapter à son quotidien sans contrainte ni frustration. Car le maître- mot de ce programme est bien le PLAISIR ! Sans cela, c'est l'échec assuré.

Dans le premier tome de « *Au TOP* » vous avez pu vous imprégner de cette philosophie et vous y préparer... Maintenant, place à l'ACTION !

On a 30 jours pour être #AuTOP de notre *body*, dans notre assiette et dans notre tête !

L'objectif est que vous trouviez votre propre rythmique, que ce programme fasse partie de vous, de votre quotidien, comme une mélodie dont vous ne pourrez plus vous passer !

Car le chef d'orchestre, c'est vous : ces #30jourspourêtreAuTOP ne sont qu'une partition dont vous seul(e) créez la musique !

Alors, en scène, maestro ! On commence par le sport et ça va dépoter, car pour ces quatre prochaines semaines, ce n'est pas un, mais deux coachs qui vont vous accompagner !

Et oui, ce programme on l'a créé ensemble avec mon papa (ancien militaire et moniteur de sport) et pensé pour toutes et tous quel que soit votre niveau.

Vous y trouverez des curseurs d'intensité à l'effort que vous pourrez adapter, augmenter, baisser en fonction de votre état de forme, de votre niveau sportif ou tout simplement de votre envie !

Prêt(e)s à faire chauffer vos muscles, à libérer votre esprit et à croquer la vie ?

Laury

3, 2, 1
TOP départ !

Échauffement

Avant chaque training, commencez par ce rituel pour chauffer vos muscles et réveiller vos articulations en douceur !

Au départ :

1. Marchez de plus en plus rapidement pendant 1 minute (dehors ou chez vous)
2. Réalisez toutes les rotations décrites ci-contre
3. Courez 30 secondes (dehors ou sur place)
4. Faites de la corde à sauter, sans corde (héhé !) pendant 30 secondes

SEMAINE 1 | JOUR 1

LUNDI
30 MIN

OBJECTIF

Fesses-cuisses-abdos en béton

Fentes x10

❶ Réalisez 10 fentes de chaque côté.
> Les jambes sont à 90°, le genou ne dépasse pas la pointe du pied et la jambe arrière est bien relâchée.

Équilibre 30 s

❷ Tenez 30 s en équilibre sur chaque jambe.

> Faites pression sur la plante de pied, l'autre jambe est à 90°.
Si vous avez du cran, tendez la jambe qui est pliée.

« N'oubliez pas de respirer ! »

Air chaise 30 s

❸ Asseyez-vous sur une chaise invisible, chaque partie du dos collée à la paroi.
Tenez bon, ça va piquer.
1 minute pour les coriaces !

INSPIRATION BRAS EN HAUT
EXPIRATION BRAS EN BAS

Saut écart x3

❹ Sautez 10 fois en écartant les jambes, tout en emmenant les bras au-dessus de la tête, puis revenez jambes serrées.

Répétez 3x les exos 1 à 4 en récupérant 10 secondes entre chaque.

LUNDI
30 MIN

OBJECTIF

Boostez votre coeur !

Demi-squat extension x5

❶ ❷ Soufflez une minute et réalisez des demi-squats avec jambe tendue sur le côté à la montée. 5x de chaque côté.

> Les deux bras partent en arrière lorsque la jambe se lève et les fesses se contractent.

Course 1 minute

Repartez en courant 1 min avec les poignets et mâchoires relâchés. La course doit être souple. S'il pleut dehors, courez sur place. Réalisez 10 secondes talons-fesses léger sans forcer.

LUNDI
30 MIN

OBJECTIF

Des bras *canon*

Coups droits x10

❶ En position de micro-squat :
> Balancez 10 coups droits en mode vénère.
Prenez 10 s de récup.

Crochets x10

❷ Balancez 10 crochets.
10 s de récupération.

Air corde 10 s

❸ Grimpez à une corde imaginaire comme un ranger en comptant jusqu'à 10. Expirez quand vous tirez sur la corde.
> Les abdos sont engagés et les mouvements lents.
Respirez 10 s.

Récupération 1 minute

❹ ❺ Étirez les bras et les jambes en maintenant l'étirement 10 secondes.
> Respirez toujours profondément par le ventre. Prenez des forces, vous allez en baver !

Si vous êtes dehors, repartez pendant 2 min en marche trottée. Sinon, faites du surplace (ou un moonwalk, au choix).

LUNDI
30 MIN

OBJECTIF
Une bonne *posture*

Planche 10 s

❶ Faites la planche pendant 10 s sans vous plaindre. Ça fait mal ? Si la réponse est non, allez jusqu'à une minute.
> Votre dos doit être droit et vos jambes parallèles.
Soufflez 10 s.

« *Restez* **bien droite !** »

Parachutiste 30 s

❷ Levez jambes et bras bien hauts et sentez le vide qui vous caresse. Une minute pour les plus casse-cou.

La minute verre d'eau

Allongée au sol, gonflez la cage thoracique en inspirant profondément par le nez, expirez avec un léger filet d'air par la bouche jusqu'à avoir l'impression que votre nombril touche la colonne vertébrale. Pour ralentir le rythme cardiaque, reprenez des forces en méditant (pourquoi pas ?). Finissez en vous hydratant.

LUNDI
30 MIN

OBJECTIF

No more culotte de cheval

Battements x10

❶ Le corps bien gainé, levez 10 fois, abdos contractés. Pointez le pied vers le bas et retenez la montée et la descente en ressentant chacun des muscles fessiers qui travaille.

> Ne levez pas la jambe trop haut, pour ne pas vous faire mal au bas du dos.

Récupérez quelques secondes, enchaînez sans pause si vous avez un mental de samouraï.

❷ Dans la même posture, faites une variante en mode plié x10.

Enchaînez les exos 1,2,3 et 4 avec la même jambe puis changez.

❸ Finissez avec la jambe perpendiculaire au buste x10.

❹ Dans la même position, effectuez 10 coups de pied.

> Seul le tibia bouge.

Soufflez 1 minute après les deux jambes.

Well done !
vous et votre culotte brésilienne vous remercieront cet été !

LUNDI
30 MIN

OBJECTIF

Des abdos on fire

Chevilles x10

❶ Soulevez la nuque pour aller dire bonjour à vos chevilles de gauche à droite x10 de chaque côté. **Récupérez 30 secondes.**

Angle 1 min

❷ Maintenez les jambes à 45° et restez statique. 3x10 secondes avec 15 s de récup entre chaque session.
> Attention à l'apnée. Si vous devenez toute rouge, c'est mauvais signe.
Récupérez 30 s.

Pont x15

❸ Contractez fessiers, abdos, cuisses et montez votre bassin en planche x15.
> Vos mouvements doivent être amples et doux pour travailler les muscles profonds.

Inspirez en haut, expirez en bas.

Pour aller plus loin

Restez 30 s en isométrie (position haute) avant de resserrer et desserrer les adducteurs en contractant les fessiers 30 secondes.
Imaginez que vous tenez un ballon entre les genoux et que vous devez serrer et desserrer sans le faire tomber.

Keep calm 3 min

❹ ❺ Prenez du temps pour étirer vos jambes tout en respirant profondément. Finissez votre séance en planche bien étirée.
> Profitez-en pour chasser les mauvaises pensées.

« Bravo, vous venez de finir la première séance #AuTop comme une cheffe ! Rendez-vous dans deux jours ! »

MERCREDI 30 MIN

Commencez par le rituel d'échauffement page 7.

Chat x5

❶ ❷ Creusez et arrondissez le dos, 5x de chaque.

➤ Les jambes sont bien parallèles et les genoux alignés aux hanches. Si vous réussissez, vous aurez une petite croquette !

OBJECTIF

Du tonus !

Flexions-extensions x10

❸ Ramenez le genou gauche sous votre coude droit et inversement.
10x de chaque côté. Tendez le bras droit et la jambe gauche pour optimiser votre proprioception (la perception de la position de votre corps et de votre équilibre).

Battements x20

❹ ❺ Réalisez 20 battements de jambe de chaque côté. *Easy* ?

MERCREDI
30 MIN

« Ne lâchez rien, ça continue ! »

Le W 20 s

❶ Les jambes recroquevillées, bras parallèles au sol, dos bien droit, abdos contractés, réalisez 20 battements légers de bras.

➤ Regardez au loin pour ne pas basculer comme un nouveau-né.

Dos rond 10 s

❷ ❸ Posez les pieds à terre et vos mains sur les genoux. Arrondissez le dos en expirant, puis revenez le dos droit en baissant bien les épaules.

MERCREDI
30 MIN

Abdos au sol x10

❶❷ Sur toute l'expiration, tendez l'une des jambes. Une fois l'abdomen vidé, inspirez par le nez en ramenant la jambe à 90°.
➤ La respiration est ici plus importante que la rapidité. Elle vaut plus que 100 crunchs !

> « *Vous pourrez dire adieu* **au petit bourrelet collé au bas du ventre !** »

MERCREDI
30 MIN

OBJECTIF
La souplesse *d'un yogi*

Guerrier 10 s

❶ Commencez en position du Guerrier 1
❷ Passez en Guerrier 2 statique pendant 10 secondes.
❸ Réalisez 10 mouvements dynamiques en avançant le bras pour travailler les obliques.
> Contractez les abdos.

Triangle 10 s

❹ Tendez la jambe avant et posez la main arrière sur votre genou.
> Cherchez l'alignement parfait !

MERCREDI 30 MIN

Planche 10 s

❶ ❷ Sur l'expiration, revenez en position du Guerrier 2, puis placez les mains au sol de part et d'autre du pied avant pour revenir dans une position de planche. La tenir 10 s. Courage !

Cobra 30 s

❸ Commencez la posture allongée sur le ventre. Sur l'inspiration, tendez les bras et soulevez la poitrine du sol. Sentez votre pubis connecté à vos jambes.

➤ Profitez de la posture 15 à 30 secondes en respirant calmement.

Chien tête en bas 10 s

❹ Engagez le périnée pour emmener les fesses vers le ciel et sentez votre dos s'étirer.

Reproduisez l'enchaînement de yoga au complet 3 fois avec 30 s de récupération à chaque fois.

MERCREDI
30 MIN

Cuisses

❶ Talons-fesses.

Étirez-vous !

Ce petit rituel est à réaliser après chaque training. Pensez à bien respirer à chaque étirement qui dure environ 20 secondes.

Psoas

❷ Genou collé à la poitrine.

Fessiers

❸ Cheville droite sur le genou, jambe au sol légèrement fléchie.

Adducteurs

❹ Jambe pliée et étirée en l'air.

Bras et épaules

❺ Bras à la perpendiculaire et épaules basses.

Ischios-jambiers

❻ Jambes croisées, épaules relâchées. Puis changez de jambes.

« *Yes,* **votre training est fini !** Rendez-vous ce week-end pour une séance #AuTop d'une heure. »

WEEK-END
1 HEURE

Les deux premières séances que vous venez de réaliser cette semaine ont déjà sûrement apporté quelques résultats: regain de vitalité, sommeil amélioré, stress apaisé… Il est donc temps de faire un bilan de votre état physique après cette première remise en forme.

Je passe le test !

Effectuez votre petit rituel d'échauffement avant le test, puis remettez-vous au repos avant la première prise de pouls.

Pour calculer votre pouls :

- Placez deux doigts au niveau de la carotide sans mettre le pouce, comptez vos pulsations pendant 6 secondes et multipliez-les par 10.
- Gardez le chiffre en tête, ce sera votre **pouls 1**.
- Puis réalisez 30 squats, bras tendus, en environ 45 secondes.
- Calculez votre **pouls 2** après cet effort.
- Puis, une minute après, calculez votre **pouls 3**.

> **Notez ces trois chiffres.**

Résultats

0 : c'est ce qui s'appelle un indice au top !

Entre 0 et 5 : vous vous adaptez bien à l'effort.

Entre 5 et 10 : vous méritez un peu d'exercices…

Au-dessus de 10 : il va falloir potasser ce training !

> Refaites le test à la fin des 30 jours de programme pour apprécier votre progression. Vous devriez avoir 2 ou 3 points en moins dans l'idéal.

Faites le calcul

POULS 1
+ POULS 2
+ POULS 3 – 200
÷ 10 = ?

« Quel que soit le résultat, *repartez en mode warrior* ! »

WEEK-END
1 HEURE

OBJECTIF

Retrouver *son énergie de lionne*

Gamme CrossFit

Après le rituel d'échauffement page 7, commencez par un footing de 10 min : soit en alternance marche et course, soit 2 min d'effort, suivies de 3 min de récup.

Bikeuse dans l'âme ? Troquez le footing par 15 à 20 min de vélo !

Poursuivez par un enchaînement tonique : 5 squats + 5 fentes de chaque côté + 10 sauts écarts comme le lundi.

Soufflez 30 s.

Ne trichez pas, on vous regarde !

« *Vive la gonflette* et adieu les ailes de chauve-souris ! »

Dips

❶ ❷ Sur un canapé, un escalier ou un banc, effectuez 5 à 10 enchaînements.

Récupérez 20 s en sautillant ou en chantonnant.

WEEK-END 1 HEURE

4

Squats x10

Enchaînez par des squats. À chaque extension, enchaînez 10 coups droits (voir page 10).

Montée escalier x10

❸ ❹ Sur un escalier, un muret ou un banc, montez la cuisse en alternant x10.

3

WEEK-END
1 HEURE

Demi-squat extensions x10

❶ Reprenez l'exo page 9 : demi-squats + extension. Répétez 10x de chaque côté.

Elbow/knee x10

❷ Sur place, montez le genou avec son coude opposé. Les jambes sont à largeur d'épaules. À répéter x10 de chaque côté.

➤ Ne fléchissez pas le haut du corps en mode mamie.

Si vous vous sentez pousser des ailes, ajoutez des rebonds à chaque fois.

Planche statique 45 s

❸ Tenez une belle planche entre 20 et 45 secondes selon votre forme. Le corps est parfaitement aligné. Aspirez le nombril pour engager les abdos.

Recommencez
les exos des pages
21 à 23 x3.

Récupérez 20 s entre chaque exo et 1 min entre chaque série.

WEEK-END
1 HEURE

Flexions-extensions x10

❶❷ A l'aide d'une chaise ou d'un mur : faites une flexion-extension de la jambe en contractant les fessiers. Recommencez 10 à 20 fois sans récup, puis passez à l'autre jambe.
> La pointe du pied est tendue et ne doit pas dépasser l'alignement du dos.

OBJECTIF Fessiers d'acier

Battements x10

❸ Faites des petits battements de jambe tendue avec la pointe tendue 10 à 20 fois sans récup, puis passez à l'autre jambe.

Kick arrière x10

❹ Telle une boxeuse thaï, jambe pliée et adducteur légèrement ouvert, envoyez-moi un beau coup de pied arrière sans baisser la jambe. Imaginez viser les parties intimes de votre pire ennemi…

Récupérez
20 s entre chaque exercice,
... ou pas !

WEEK-END
1 HEURE

OBJECTIF

Anti **chauve-souris**

1

Karaté girl x20

❶ Jambes largeur d'épaules, légèrement fléchies, engagez vos abdos et l'énergie du ventre, en finissant bien le mouvement. Expirez sur la fin en lâchant même un petit cri libérateur du stress accumulé.

> Les mouvements doivent êtres lents (x10), puis rapides (x10).

Récupérez 10 s

\+ Faites le air grimper de corde x20 (page 10)

Récupérez 10 s

Bec verseur x15

❷ Travaillez vos épaules en imaginant verser du café dans une tasse avec deux cafetières à bout de bras. (En voilà une idée sympa, hein ?) Utilisez tout ce qui vous passe sous la main : bouteilles d'eau, livres, chats, enfants pas trop lourds…

> Ne dépassez pas la ligne des épaules.

2

Récupérez
30 s en sifflotant.

WEEK-END
1 HEURE

OBJECTIF
Abdos plaqués or

Chandelle 10x

❶ ❷ Allongée par terre, relevez les jambes.
En respectant la position de la chandelle sans jamais descendre les jambes, amenez les pointes de pied au plafond.
Répétez 5 à 10 fois.
> Retenez la descente de la chandelle pour ne pas vous blesser.

1

2

Récupérez 20 secondes,
vous l'avez bien mérité.

SÉQUENCE YOGA DYNAMIQUE

OBJECTIF

On affine et on détend !

Dos rond x5

❶ ❷ Creusez et arrondissez le dos x5. Sur l'expiration , aspirez le nombril jusque dans la colonne et relâchez la tête.

« *Idéal* **pour assouplir la colonne et renforcer les transverses,** ces muscles profonds de l'abdomen que l'on a bien travaillés cette semaine. »

SÉQUENCE YOGA DYNAMIQUE

Flexions x10

❶❷ Ramenez le genou gauche sous votre coude droit et inversement, 10 fois de chaque côté.

> **Pensez toujours *à respirer !***

Battements x20

❸ Le bras gauche et la jambe droite tendus : travaillez votre proprioception statique ou réalisez des petits battements de bras et jambes x20.

SÉQUENCE YOGA DYNAMIQUE

Guerrier 10 s

❶ Commencez en position du Guerrier 1.
❷ Passez en Guerrier 2 statique pendant 10 s.
❸ Réalisez 10 mouvements dynamiques en avançant le bras pour travailler vos obliques.
➤ Contractez les abdos.

Triangle 10 s

❹ Tendez la jambe avant et posez la main derrière sur votre genou.
➤ L'alignement doit être parfait entre la main, l'épaule et les hanches.

SÉQUENCE YOGA DYNAMIQUE

Planche 10 s

❶ ❷ Revenez en position de Guerrier 1, puis placez les mains au sol de part et d'autre du pied avant pour revenir dans une position de planche. La tenir 10 s.

Cobra 30 s

❸ Commencez la posture sur le ventre. Tendez vos bras et ouvrez votre poitrine. Imaginez vos épaules fondre vers votre coccyx.

Chien tête en bas 10 s

❹ Engagez le périnée pour emmener les fesses vers le ciel et atteindre cette posture de yogi très prisée.

SÉQUENCE YOGA DYNAMIQUE

Keep calm 3 min

❶❷ Prenez du temps pour étirer vos jambes tout en respirant profondément. Finissez votre séance allongée sur le dos dans le calme.
> Profitez-en pour visualiser des pensées positives !

Finissez par le rituel d'étirements page 19.

« Very good job ! »

Votre premier training #30joursAuTop d'une heure est terminé !

Buen apetito !

Parce qu'entre *binge eating* et training, il faut choisir, le programme *food* qui fait du bien.

Batch cookez !

Vous connaissez le *batch cooking* ? Le principe : préparer les aliments le week-end et les assembler la semaine pour gagner un temps fou, manger sain et éviter le gaspillage. Voici ce que vous pouvez préparer à l'avance pour cette semaine :

À conserver au frais dans un bocal en verre :

- Gaspacho de tomates
- Soupe de carottes
- Soupe de petits pois
- Soupe de betteraves
- Vinaigrette huile d'olive-balsamique

À découper et garder dans une boîte hermétique :

- Carottes râpées du mardi
- Légumes découpés du gratin du jeudi
- Haricots verts du vendredi

À cuire à l'avance :

- Fricassée de volaille et quinoa du lundi
- Riz du mardi
- Salade de lentilles du mercredi

Lundi

Matin :

- Jus d'orange
- 2 œufs au plat à l'huile d'olive, origan et feta
- 1 tranche de pain aux céréales
- Thé avec 2 cuillères à café de miel

Midi :

- Fricassée de volaille au lait de coco, courgettes et curry

Soir :

- Salade de quinoa et tétragone
- Vinaigrette avec huile d'olive, balsamique et tomates séchées

Vendredi

Matin :

- 2 toasts de pain complet avec beurre de coco, miel et noisettes
- 5 abricots secs
- Thé

Midi :

- Salade d'haricots verts à la pêche, basilic et baies de goji
- 1/2 avocat, fleur de sel et huile d'olive

Soir :

- Soupe de petit pois aux épinards

Mardi

Matin :
- Yaourt au miel des montagnes
- Granola et chocolat à 70 %
- 1 orange découpée en quartiers
- Thé

Midi :
- Salade de thon cru assaisonné à la sauce soja, citron et huile d'olive
- Riz basmati vapeur froid, carottes râpées à la coriandre et mangue fraîche

Soir :
- Soupe froide de courgettes à la menthe
- Feta émiettée et amandes

Mercredi

Matin :
- Omelette aux tomates séchées, chèvre et basilic
- 1/4 de baguette au céréales toastée et arrosée d'huile d'olive
- 1 kiwi

Midi :
- Salade de lentilles aux herbes, saumon fumé et noisettes
- Vinaigrette au thym

Soir :
- Gaspacho de tomates
- Petits crackers norvégiens au seigle et céréales

Jeudi

Matin :
- Fromage blanc, fruits rouges au basilic et pistaches
- 1 toast complet avec un filet d'huile d'olive
- Thé

Midi :
- Gratin de légumes et haddock fumé au fromage de brebis
- Salade d'avocat et pamplemousse

Soir :
- Soupe de carottes à la menthe et cerneaux de noix

Samedi

Matin :
- 2 œufs à la coque
- 150 g de pain aux céréales ou complet
- Fruits à volonté

Midi :
- *Cheat meal* : faites-vous plaisir à manger ce qui vous donne envie !

Soir :
- Salade de tomates à l'ancienne et melon
- Vinaigrette huile d'olive et balsamique, thym citron et verveine

Dimanche

Matin :
- 150 g de yaourt à la grecque
- Granola
- 1 poignée de fruits secs
- 5 fraises
- Thé

Midi :
- Tranches d'aubergines cuites au four à la sauce tomate
- Gratiné de feta, persil frais

Soir :
- Soupe de betteraves
- Chèvre à la ciboulette, amandes concassées

✔ Les agrumes, le miel ou le sucre de bouleau pour un coup de boost rapide

✔ Des germes et des pousses pour avoir la pêche

✔ Les laits végétaux comme le lait de coco ou le lait d'amandes pour la cuisson de soupes

✖ Les sucres raffinés qu'on garde toujours en mode bouée

SEMAINE 1

POSITIVE

Fichez-vous la paix !

7 JOURS POUR RÉDUIRE VOTRE CHARGE MENTALE

Cette première semaine, je vous propose de mener une action par jour pour alléger votre esprit et ne plus virer *borderline*.

LUNDI

Faites des listes !

Emploi du temps gonflé à bloc, journées à rallonge, nuits courtes… On ne sait parfois plus comment gérer cette avalanche de tâches qui s'accumulent un peu plus chaque jour. Une première solution toute simple qui me sauve : dresser des listes. Dans votre téléphone, sur un agenda, notez tout ce que vous devez faire, même ce qui vous paraît le plus évident, comme penser à appeler un pote. Une fois allégée de toutes ces actions à mener, vous n'aurez non seulement plus peur d'en zapper une, mais vous aurez de la place dans votre esprit pour des pensées plus épanouissantes.

« Listez ! La peur d'oublier des tâches essentielles est l'une des sources de stress les plus importantes. »

MARDI

Demandez de l'aide, partagez, déléguez

Allez, soyez honnête avec vous-même : êtes-vous indispensable à toutes les tâches ou activités listées dans votre agenda ? Sans vouloir vous vexez, il est probablement sûr que non. Et c'est tant mieux pour vous ! Amoureux, enfants, famille, collègues de bureau, il y a sûrement au moins une tâche que vous pourrez déléguer aujourd'hui. Même microscopique. Ce premier pas enclenchera une dynamique qui vous permettra d'oser demander plus facilement de l'aide. J'ai testé, ça marche !

MERCREDI

Ne visez pas toujours la perfection

Évidemment, chacune de nous a envie d'être une *warrior* et de réussir dans tout ce que l'on entreprend, moi la première, et c'est plutôt sain ! Mais, avouons-le, ce n'est pas primordial de toujours tout gérer parfaitement, non ? Choisissez une tâche récurrente dans votre vie et décidez de la simplifier (voire de la bâcler parfois, pourquoi pas !) : rangement, organisation de vacances… Vous vous sentirez vite libérée d'une certaine pression qui vous était finalement propre.

« Lâchez ! Vous êtes la seule à décider de votre niveau d'exigence envers vous-même. »

JEUDI

Dites non

Et pourquoi pas non ? À un ami, à son mec, à son enfant… On a le droit d'en avoir marre certains jours, d'avoir besoin de temps pour nous, de fixer davantage nos limites. Vous ne serez pas moins cool pour autant. Je m'efforce toujours de délimiter mon territoire, de préserver mon espace intime (même si ce n'est pas toujours facile) et de respecter mes besoins. Et lorsque j'y arrive, ça allège beaucoup mon esprit ! À trop dire oui, on peut finir par s'oublier, même de manière très insidieuse. Alors, restez vigilante et pesez le pour et le contre lorsqu'on vous demande un service. Votre exercice du jour : dites non à une seule petite (ou grosse !) chose :-)

VENDREDI

Zappez le multi-tasking

Faire la cuisine en checkant ses mails, mater une série en faisant ses courses sur Internet… Aujourd'hui, il est plutôt rare de mener une seule chose à la fois. Or, notre cerveau, aussi performant soit-il, est à ce moment-là en surchauffe et s'use beaucoup plus vite. Cela augmente notre stress et fatigue nos nerfs. Voilà un exercice positif que j'essaie régulièrement de faire pour me recentrer : me consacrer à au moins trois tâches à 100 % et les finir avant d'entamer autre chose. Difficile ? Allez, je sais que vous en êtes capable !

SAMEDI

Priorisez vos tâches

Maintenant que vous listez vos futures actions et que vous commencez à déléguer, il est aussi temps de prioriser. Pour désencombrer son espace mental, il est bon de le ranger ! Posez-vous un moment pour réfléchir aux tâches qui vous paraissent les plus urgentes. Ne peuvent-elles pas passer après certaines qui vous demandent moins de temps ? Sans vouloir procrastiner, il est judicieux de hiérarchiser et de pouvoir se défaire de certaines actions qui peuvent, après tout, bien attendre un peu…

DIMANCHE

Faites des pauses

Votre semaine s'est allégée ? Bravo ! Plus légère et mieux organisée (mais oui, je vous fais confiance !), vous avez plus de temps pour penser à vous, n'est-ce pas ? Si ce n'est pas le cas, recommencez quelques exercices de la semaine sur lesquels vous avez un peu dérapé. Entraînez-vous, petit à petit, ces nouveaux réflexes plus sains vont devenir automatiques. Et aujourd'hui, c'est le moment de vous faire plaisir ! Prenez un moment rien que pour vous. Et arrangez-vous pour que ni vous (et votre esprit multi-tâches), ni personne ne viennent faire obstacle à ce moment précieux que VOUS avez mérité ! *Enjoy* !

Comment se porte ma charge mentale ?

(Cochez ce qui paraît vrai pour vous)

- ❑ **Le mode automatique et moi, c'est dépassé !**
- ❑ **Il m'arrive d'avoir les doigts de pieds en éventail !**
- ❑ **Parfois, j'oublie de checker mes notifications, dingo !**
- ❑ **Mon organisation me rend plutôt sereine, héhé !**
- ❑ **J'arrive à dire non aux trucs relous sans culpabiliser !**

« À vous de voir

Si vous avez coché assez de cases… »

LUNDI 30 MIN

Après une première semaine de remise en forme, on attaque une semaine 2 plus musclée. L'objectif ? Intensifier les exercices et monter doucement en difficulté pour renforcer son endurance et continuer un gainage parfait ! Gardez bien en tête vos objectifs pour ne pas perdre la motivation.

On commence par s'échauffer de manière ludique avec un manche à balai ! Simple, mais ultra efficace, surtout pour détendre tout le haut du corps. Vous me suivez ?

Alors montez le son !

Ça va twerker !

Rotations hanches x10

❶ En tenant le balai verticalement face à vous, réalisez 10 rotations des hanches dans les deux sens. Vous visualisez la barre de pole dance ?!

Rotations épaules x10

❷ Détendez vos épaules en les roulant 10 fois d'avant en arrière et inversement.

Majorettes x20

❸ Placez vos mains à 1 mètre d'écart et vivez votre rêve de majorette en tournant votre baguette à 180° de gauche à droite. Avouez que vous kiffez...

Porté de balai x20

❶ ❷ ❸ Continuez le déliement des épaules avec cet enchaînement d'avant en arrière. La souplesse n'est pas donnée à tout le monde, alors descendez doucement vers l'arrière.

Deltoïdes x20

❹ ❺ Vous ne le connaissiez sûrement pas celui-là ! Le deltoïde est l'un des muscles de l'épaule. Maintenant que vous êtes plus cultivée, levez les mains jointes jusqu'au menton, mais pas pour boire un petit smoothie ! **Récupérez 30 s.**

Ready to go?

Le training commence !

LUNDI
30 MIN

OBJECTIF

Fermeté !

Demi-squats x30

❶ Travaillez vos dorsaux et affinez vos bras en soulevant 30 fois votre balai, les mains placées à largeur d'épaules.
> Vos jambes sont légèrement fléchies et votre dos est droit.

Petits pas 30 s

❷ ❸ Avancez, reculez, avancez, reculez et ne touchez pas le balai ! Vos cuisses seront fuselées cet été. **Récupérez 10 s ou pas.**

LUNDI 30 MIN

1

2

Air corde 30s

❶ ❷ Prenez-vous pour Rocky et lancez-vous dans 30 secondes de corde à sauter invisible !

➤ Si vous êtes du genre maladroite, prenez l'option « balai imaginaire » ! **Soufflez 10 s si besoin.**

3

4

Lever de genoux x10

❸ ❹ Reprenez votre balai fétiche : levez le genou face à vous, revenez jambe au sol, puis levez le genou en ouvrant la hanche.
10 enchaînements à répéter de chaque côté.

Enchaînez avec un sursaut sans vous perdre pour autant dans la choré. 10x de chaque côté.

➤ Travaillez votre synchronisation en restant bien concentrée, cela vous aidera sur votre prochain dance floor. **Soufflez 1 min.**

LUNDI
30 MIN

Rotation x40

❶ En position de demi-squat, réalisez 40 rotations de buste, le balai posé sur les épaules. **Récupérez 10 secondes.**

Bascule du buste x20

❷ Les jambes tendues, les pieds à largeur de hanches, glissez la main vers le genou pour sculpter votre taille de guêpe. **Récupérez 10 secondes.**

OBJECTIF
Taille de *guêpe*

LUNDI
30 MIN

Burn body size x20

❸ Les jambes tendues bien contractées, tendez les bras parallèles au sol et allez chercher au loin en réalisant des petits à-coups. 20 répétitions de chaque côté.

L'hélice 10 s

❹ Les jambes écartées, allez toucher avec votre main le pied opposé. L'autre main est tendue vers le ciel. Recommencez 3 fois sans vous plaindre. **Récupérez 30 secondes.**

Recommencez deux fois les exos 1, 2, 3 et 4 sans chouiner.

LUNDI
30 MIN

OBJECTIF

Adieu culotte de cheval !

Fentes x10

❶ Le balai posé sur les épaules, réalisez 10 fentes de chaque côté.
➤ Gardez le dos bien droit et… souriiiez !

1

Récupérez 30 secondes.

Fentes-rotations x10

❷ Réalisez le même exercice que précédemment et ajoutez-y une rotation sur le côté.
➤ Votre regard doit bien suivre le mouvement des épaules.

Fastoche ?
Doublez le nombre de rotations !

2

LUNDI 30 MIN

Danseuse de balai x10

❶❷ En appui sur le balai, levez votre genou, puis tendez votre jambe en arrière sans reposer le pied à terre.
10 fois de chaque côté.
Récupérez 20 secondes.

Battements x20

❸ Toujours dans la même position, réalisez des petits battements de pied de haut en bas.

Fessiers x20

❹ Faites chauffer vos fessiers en montant votre jambe bien tendue sur le côté.
> Contractez la jambe en action, pointez les orteils vers le sol.

Finissez par le rituel d'étirements page 19.

Si la jambe de terre brûle plus que l'autre, c'est normal ! Pas de jalousie, il est déjà temps d'échanger les rôles. Récupérez 30 secondes.

« *Yes,* **Vous venez de finir votre première séance ! Partagez vos résultats avec le hashtag *#30joursAuTop* pour continuer de vous motiver !** »

SEMAINE 2 | JOUR 2

MERCREDI 30 MIN

Commencez par le rituel d'échauffement page 7.

On se chauffe !

Fentes-triceps x20

❶ Les mains derrière la tête pour chaque fente, tendez-les vers le ciel à chaque transition tout en réalisant 20 fentes de chaque côté.

Fentes-bras x20

❷ Même exercice, mais cette fois-ci, levez les bras au ciel bien tendus avant de les baisser à chaque fente.

Bec verseur x20

❸ Fléchissez les jambes et tendez vos bras parallèles au sol. Les mains sont en position de bec verseur.

Finito ?

Recommencez 3 fois les exos 1, 2 et 3 pour être *on fire* et récupérez 30 s entre chaque série.

MERCREDI
30 MIN

OBJECTIF

Plus de power !

Coups droits x20

❶ C'est parti pour une série avec les poings pour chasser les pensées négatives. Enchaînez 20 coups droits sans y mettre de gants.
> Les mouvements sont amples, lents et précis. Les abdos sont bien gainés.

Récupérez 20 s entre chaque exo en sautillant comme une boxeuse.

Crochets x20

❷ Aucune tiédeur ne sera autorisée sur ces 20 crochets.
> Contractez les abdos à fond !

Uppercuts x20

❸ Achevez votre adversaire sans pitié avec un coup de poing de bas en haut comme si vous vouliez atteindre son menton.
> Baissez toujours les épaules.

Done ?
Recommencez les exos 1, 2 et 3 trois fois.

MERCREDI
30 MIN

OBJECTIF

Intensité et coordination

Pyramide x1

Voici une série d'enchaînements à travailler sans s'arrêter.
> Contractez toujours vos abdos et l'ensemble des muscles sollicités.

Mode progressif
❶ Enchaînez un coup droit,
❷ un crochet et
❸ un uppercut.
Puis 2 de chaque avant de monter progressivement jusqu'à 5 de chaque.

Mode dégressif
Continuez sans vous arrêter, mais cette fois-ci en mode dégressif : 5 coups puis 4, 3, 2, 1.

Passez à l'autre bras.

Pour les lâche-rien

Faites des mouvements plus lents et amples sur les chiffres impairs et plus intenses et toniques sur les chiffres pairs. Un bon exercice pour coordonner corps et esprit et ne pas taper comme une brute.

Récupérez 30 secondes
en sautillant, tel Rocky sur le ring.

MERCREDI
30 MIN

OBJECTIF

Jambes ultra slim

Levers genoux x20

❶❷ Les bras en angle droit parallèles au sol et la jambe tendue, levez votre genou, puis tendez la jambe d'un coup de pied. 20 fois par côté.

Coups arrière x20

❸ Tenez-vous à un mur ou une chaise et donnez un coup de pied arrière dans une rotation de hanche. 20 fois par côté.
> Besoin d'expulser ? Poussez un cri jouissif en mode karatéka à chaque coup.

« Gardez un mental d'acier. »

Challenge
Rendez-vous en page 66 si vous en avez encore sous le pied !

MERCREDI
30 MIN

Flow yoga anti stress

Mains levées

❶ Étirez-vous de tout votre long en restant sur la pointe des pieds.

Mains aux pieds

❷ Dans une longue expiration, allez toucher vos pieds en relâchant au maximum la nuque et les épaules. Remontez en inspirant les mains vers le ciel.

Mains poitrine

❸ ❹ Les mains jointes sur la poitrine, inspirez en levant le genou. Tenez 10 secondes. Expirez profondément en tendant la jambe, restez ainsi 5 secondes.

MERCREDI
30 MIN

Planche 10 s

❺ Sans reposer le pied, plongez vers l'avant et balancez votre jambe vers l'arrière afin d'obtenir une belle planche. Vos bras sont tendus et parallèles. Tenez sans frémir.
> Restez bien gainée et fixez un point pour vous aider à tenir la posture le plus longtemps possible.

« Vous venez de passer en mode yogi confirmée ! »

5

Terminez la séance par le rituel d'étirements page 19, puis faites 10 grandes inspirations en levant les bras au ciel. ❶ ❷ Relâchez ensuite toutle corps en expirant jusqu'à toucher les mains aux chevilles. Gardez les yeux fermés pour ne pas vous disperser et ressentir les bénéfices de ce nouveau training.

SEMAINE 2 | JOUR 6

WEEK-END
1 HEURE

Vous voilà dans le dernier training de votre semaine 2. Aujourd'hui on aborde une séance soutenue, mais vous en êtes largement capable.

Ready?

Commencez comme d'habitude par le rituel d'échauffement page 7.

WEEK-END
1 HEURE

On y va ?

2 min : footing très lent

2 min : marche + respirations profondes

3 min : footing lent

2 min : marche + respirations profondes

5 min : footing à adapter selon ses capacités. Si c'est trop difficile, testez 3 min de footing, 1 min de récup, 2 min de footing

1 min : marche

Pour les runneuses de compét', passez outre cette adaptation et courez 15 minutes.

Adaptation au footing

Avant de partir comme une dératée, travaillez votre footing avec finesse pour optimiser les résultats et ne pas brûler vos forces en 2 min. Synchronisez votre montre. Go !

WEEK-END
1 HEURE

OBJECTIF
Endurance *et fermeté*

INSPIREZ

Récupérez 20 s.

Saut écart
x10

❶ ❷ Sautez 10 fois en écartant les jambes tout en ramenant les bras au-dessus de la tête.

EXPIREZ

WEEK-END
1 HEURE

Air chaise 30 s

❸ Tenez bon pendant ces secondes interminables. **Soufflez 20 secondes.**

Knee climbing 60 s

❹ Levez les genoux avec dynamisme en ayant une bonne fréquence au sol sans faire de bruit. **Détendez-vous 20 secondes.**

WEEK-END 1 HEURE

Dips x20

❶ ❷ Refaites l'exercice du week-end dernier (page 21). Pour les warriors, enchaînez avec 5 à 10 pompes sur les genoux.

> Le dos est bien droit et les abdos gainés.

Récupérez 20s.

1

2

WEEK-END
1 HEURE

> « Ça brûle pas mal ? C'est bon signe ! »

Recommencez les exos des pages 52 à 55 avec 1 min de récup' entre chaque série.

Step up x10

Comme la semaine dernière (page 24), sur un escalier ou une marche, montez la cuisse en alternant x10 de chaque jambe. **Récupérez 10 à 20 s.**

WEEK-END
1 HEURE

Music arm *shoulder challenge*

Choisissez une musique que vous aimez vraiment vraiment beaucoup (vous finirez probablement par la détester !).

Réalisez en rythme :

1. 20 grandes rotations avant des deux bras, puis 20 vers l'arrière
2. 20 moyennes en avant, puis 20 en arrière
3. 20 petites en avant, puis 20 en arrière
4. 20 petits oiseaux (petits battements)
5. 20 flexions poignets cassés

Et recommencez sans baisser les bras jusqu'à la fin de votre chanson fétiche !

Congrats !
Vous êtes déjà à la moitié de votre programme !

WEEK-END
1 HEURE

OBJECTIF Du punch!

Montée face x20

Montez 20 marches en levant les genoux, puis descendez-les en mode chamallow.

> Le dos est bien droit, aidez-vous de vos bras. Ayez de la fréquence sur les marches.

WEEK-END
1 HEURE

Montée côté x20

❶ ❷ Montez 20 marches sur le côté gauche, puis faites de même sur le côté droit.

> Mettez de la fréquence au sol, imaginez que les marches sont brûlantes !

Montée squat x20

❶ ❷ Montez 20 marches en squats sautés en amortissant bien la chute. Si vous avez envie de tout abandonner, résistez et ne montez que 10 marches.

WEEK-END
1 HEURE

Montée ski de fond

❶ ❷ Quelle que soit la longueur de l'escalier, montez-le en vous balançant de gauche à droite comme une skieuse, le bras gauche et la jambe droite tendus vers l'arrière et inversement.

Parce que vous n'êtes pas à Cannes,

ces montées des marches se réalisent 3 fois de suite (et sans beau gosse au bras) avec du son à fond dans les oreilles pour garder le *smile* !

WEEK-END
1 HEURE

Footing

Finissez votre training du week-end par un footing ou une marche de 5 à 10 min selon le temps qu'il vous reste.

SEMAINE 2

ORGANIC

Buen apetito !

Goûtez ces menus *healthy* sur-mesure avant que cette bonne vieille *junk food* ne vous ait à l'usure.

Batch cookez !

À conserver au frais dans un bocal en verre :

- Soupe de courge
- Soupe froide de poireaux
- Soupe d'épinards
- Soupe de chou-fleur
- Gaspacho de tomates cerise
- Vinaigrette huile d'olive-balsamique

À découper et garder dans une boîte hermétique :

- Melons en dés et tranches de courgettes du lundi
- Dés de pastèque, carottes râpées et mangues fraîches du mardi
- Courges du gratin et segments d'orange du jeudi

À cuire à l'avance :

- Riz du mardi
- Salade de lentilles du dimanche

Lundi

Matin :
- 150 g de yaourt à la grecque
- Poignée d'amandes torréfiées
- 1/2 melon en dés
- Thé

Midi :
- Tranches de courgettes cuites au four à la sauce tomate
- Gratiné de fromage de brebis, basilic

Soir :
- Soupe de courge
- Chèvre à la ciboulette, noix concassées et huile d'olive

Vendredi

Matin :
- Jus d'orange
- 2 œufs au plat avec champignons de Paris, oignons et tomate
- 1 tranche de pain aux céréales
- Thé avec 2 cuillères à café de miel

Midi :
- Fricassée de dinde au lait de coco
- Petits pois curcuma et gingembre

Soir :
- Salade d'orge et mesclun
- Vinaigrette huile d'olive-balsamique et tomates séchées

Mardi

Matin :
- Yaourt au miel d'acacia
- Granola, dés de pastèque
- Poignée de fruits secs
- Thé

Midi :
- Salade de poisson blanc cru assaisonnée avec de la sauce soja, du citron et de l'huile d'olive
- Riz basmati cuit à la vapeur froid, carottes râpées à la coriandre et mangue fraîche

Soir :
- Soupe froide de poireaux au lait de chèvre, sommités de chou-fleur pour le croquant

Mercredi

Matin :
- 2 toasts de baguette complète et beurre de coco, miel et noisettes
- 3 figues sèches
- Thé

Midi :
- Salade de pois mange-tout avec brugnon, basilic et baies de goji
- 1/2 avocat, fleur de sel et huile d'olive

Soir :
- Soupe d'épinards
- Feta poêlée et tomates séchées

Jeudi

Matin :
- Fromage blanc, ananas au basilic et noisettes
- 1 toast de pain complet avec un filet d'huile d'olive
- Thé

Midi :
- Gratin de courge au thym et fromage de brebis fumé
- Salade avocats, segments d'orange et pistaches

Soir :
- Soupe de chou-fleur, cerneaux de noix et pomme Granny Smith

Samedi

Matin :
- 1 tranche de truite fumée
- Poignée de fruits secs
- Fruits à volonté
- Smoothie avocat, épinards, baies de goji et melon

Midi :
- *Cheat meal* : faites-vous plaisir à manger ce qui vous donne envie !

Soir :
- Salade de concombre, poivrons et pastèque
- Vinaigrette huile d'olive-balsamique et coriandre

Dimanche

Matin :
- Omelette blanche aux tomates séchées, chèvre et basilic
- 1/4 de baguette aux céréales toastée et arrosée d'huile d'olive
- 1 pomme

Midi :
- Salade de lentilles aux herbes
- Jambon de dinde et noisettes
- Vinaigrette à l'estragon

Soir :
- Gaspacho de tomates cerises
- Petits crackers norvégiens au seigle et céréales

Fabriquez !

✔ Votre bocal de fruits secs préférés (amandes, noix de cajou, raisins secs, noisettes...) pour ne pas vous goinfrer en douce de beurre de cacahuètes. On vous a à l'œil !

Ne jetez pas...

✖ Vos épluchures ! Si vos légumes sont issus de l'agriculture biologique et ont vécu loin des pesticides, ne les épluchez pas ! Lavez-les et cuisinez-les entièrement. Ils sont bons des pieds à la tête !

SEMAINE 2

POSITIVE

Ralentissez en mode slow life

UNE SEMAINE POUR ADOPTER UN RYTHME PLUS SAIN

Après une première semaine de réorganisation et de remise en question, je vous propose de ralentir certains instants de votre vie pour mieux savourer !

LUNDI

Rétrogradez les vitesses

Rapidité, performance, réussite. À trop suivre cet adage très actuel, tout va à cent à l'heure dans notre vie, qu'elle soit professionnelle ou personnelle. Ce n'est pas en étant occupée 24h/24 que l'on devient heureuse, mais plutôt en privilégiant des zones de ralentissement pour équilibrer son rythme. De mon côté, je me force à ne pas tout planifier à l'excès et je me laisse des moments de vide. Des instants qui se rempliront par mes envies du moment, sans pression et sans résultats attendus (entre nous, ça fait combien de temps que vous n'avez pas pris le temps de lire un livre ou même un magazine de A à Z juste pour le kif et sans culpabiliser ?).

« Essayez dès ce début de semaine et constatez les bienfaits. »

MARDI

Écoutez votre corps

Notre corps est notre alarme intérieure. Il prévient lorsque tout va trop vite pour lui, que l'on tire sur la corde, que le stress est trop présent. Il est en ce sens merveilleux pour nous ! Tous les jours, j'essaie de l'écouter, voir si des tensions se créent, s'il réclame plutôt telle alimentation ou telle activité physique. Cela m'oblige tout de suite à ralentir. Car on ne peut pas écouter dans la frénésie. Aujourd'hui, prenez 10 minutes pour scanner votre corps, détecter vos éventuelles tensions, douleurs ou simplement apprécier sa légèreté et ses zones de non-stress (si c'est le cas, vous êtes déjà une super élève, je vous félicite).

« C'est un très bon exercice que je fais le plus régulièrement possible pour me reconnecter ! »

MERCREDI

Éveillez vos sens

Pour ralentir, il faut avoir envie de ressentir. Dans le calme et le silence, on se retrouve face à soi-même, à ses pensées et ses sensations. Et si vous en profitiez pour réveiller tous vos sens ? Écoutez les bruits qui vous entourent, prenez le temps de regarder les gens, les paysages, sentez les odeurs de votre quotidien, touchez avec lenteur et goûtez avec attention. Faites entrer la vie par vos sens et pas uniquement par votre tête. Sous la douche, en cuisinant, en dégustant, en marchant, au bureau, décomposez vos gestes, faites attention aux noms des rues qui vous conduisent jusqu'au bureau, au bruit des touches sur votre clavier....

JEUDI

Imprégnez-vous de la nature

Après le corps et les cinq sens, c'est au tour de la nature de vous aider à apprécier la *slow life*. J'aime beaucoup les grandes villes et toute l'effervescence qu'on y trouve, mais la nature reste mon refuge numéro un. Marcher à l'air pur, respirer l'eau iodée, toucher l'écorce d'un arbre et en puiser toute l'énergie… Tout ceci paraît évident, mais depuis combien de temps ne l'avons-nous pas fait ? Aujourd'hui, prévoyez un moment dans les bois, dans un parc, au bord d'un fleuve… Et allez-y dans l'idée de vous « laver » de tous vos soucis.

VENDREDI

Donnez du temps aux autres

Lorsque je suis insatisfaite de quelque chose dans ma vie ou que je trouve que je n'atteins pas un objectif assez vite, je m'oblige à voir tout ce que j'ai déjà et que je pourrais apprécier davantage. À commencer par les relations que j'ai réussi à créer avec ma famille, un ami, mon conjoint etc. J'en profite alors pour leur accorder du temps et continuer de nourrir nos relations. Je m'efforce aussi à ne jamais les juger ni les critiquer, mais de toujours les comprendre.

SAMEDI

Développez votre âme d'artiste

Peignez, fabriquez, créez ! Lorsque vous aurez les mains pleines de peinture, vous n'aurez plus moyen de toucher à votre téléphone ! Et quel plaisir de bricoler et retaper des choses soi-même. Aussi bon pour l'esprit que pour le porte-monnaie ! Par exemple, ré-imaginez vos étagères de cuisine, votre future bibliothèque ou votre table basse en récupérant de vieux cageots de fruits et légumes que vous peindrez (ou pas) en blanc ou gris vieilli (la technique est ultra simple et peu coûteuse). Perso, ça ne me prend pas plus d'une demi-journée et c'est si gratifiant ! Vous aurez le droit de vous la péter devant les potes et même de leur passer le tuyau !

DIMANCHE

Savourez le présent

Après cette semaine de ralentissement à tous les niveaux, vous avez envie de prendre un rythme de croisière plus en accord avec vous-même. Même si cela ne va pas toujours être possible, gardez en tête cette ligne directrice, ne l'oubliez jamais. Pour vous aider, arrêtez-vous régulièrement dans votre journée et demandez-vous si vous êtes en train de bien vivre votre présent. Oui, vous ne ruminez pas le passé ? Non, vous ne tirez pas de scénario pour demain ? Alors, bravo ! Vous êtes sur la bonne voie pour devenir maître zen !

Suivez-vous les cinq accords toltèques ?

- ❑ **Je parle avec intégrité et ne critique pas les autres**
- ❑ **Je ne réagis pas de manière personnelle contre les agressions**
- ❑ **Je pose des questions avant de supposer et j'exprime clairement mes désirs**
- ❑ **Je fais toujours de mon mieux sans me juger**
- ❑ **Je garde mon libre-arbitre et j'apprends à écouter**

« Des progrès à faire ?

Ne lâchez rien ! »

LUNDI
30 MIN

OBJECTIF
Total *gainage*

Le programme de la semaine ?

Corde à sauter, abdos, Pilates, cardio-training... De quoi continuer d'éveiller les infimes muscles de votre corps tout en vous faisant plaisir ! Un seul objectif à tenir : ne rien lâcher pour gagner en endurance et continuer à brûler le superflu. Alors, gardez le *smile* et attaquez cette nouvelle série de training en mode *warrior*.

Commencez par le rituel d'échauffement page 7.

Réglez la corde

Pas d'exercices efficaces sans une corde à la bonne hauteur ! Maintenez le centre de la corde sous le pied, les poignées doivent arriver au niveau des aisselles encore toutes fraîches ! Pas de corde ? *No soucy !* Devenez la reine de la Air corde !

LUNDI
30 MIN

Sauts pieds joints 30 s

❶ Commencez par sautez les pieds joints, sans sursaut, pendant 20 s. **Récupérez 20 s.**

Course 30 s

❷ Continuez l'exercice comme si vous couriez.
> Votre corps doit être relativement détendu et non crispé.
Récupérez 20 s.

« Restez légère comme une gazelle ! »

LUNDI
30 MIN

Cloche-pied 30 s

❶ Ajoutez un peu de difficulté et passez en mode cloche-pied. 5 à droite, 5 à gauche, si vos mollets flambent, retournez sur les deux pieds.

Récupérez 20 secondes.

Levés genoux 30 s

❷ Levez les genoux bien haut et continuez l'exercice. **Récupérez 45 secondes.**

Repartez sur 1 ou 2 séries (pages 67 et 68) selon votre forme et votre mental !

« *Vous suez ?* Souriez, on passe aux burpees ! »

Après vos séries de corde à sauter, réalisez de petites foulées lentes sur place pendant une minute en décontractant vos jambes et vos bras.

LUNDI
30 MIN

OBJECTIF

Brûler les graisses

Initiation burpee

❶❷ D'une position debout, passez en squat puis tombez vers l'avant sur vos mains.
➤ Les mouvements doivent être lents.

❸❹ Ensuite, pour arriver en position de planche, envoyez votre jambe droite, puis votre jambe gauche, vers l'arrière. Puis effectuez l'enchaînement inverse.

LUNDI
30 MIN

Enchaînement x5

❶❷❸❹ Maintenant que vous l'avez, réalisez cet enchaînement telle une vraie CrossFiteuse. À réaliser le plus rapidement possible x5. **Récupérez 30 s.**

> « Pas d'apnée, je veux vous entendre respirer »

Pour les warriors x5

❺ Effectuez l'enchaînement en jetant les deux jambes simultanément en arrière et en finissant par un saut en extension.
> Attention de ne pas creuser le dos, soyez la plus solide possible, contractez bien les abdos.

LUNDI
30 MIN

OBJECTIF Cardio-cuisses

Patineur croisé 20 à 30 s

❷ Faites le même exercice, mais en croisant vos jambes vers l'arrière.
➤ Fixez un point au loin pour ne pas vous recroqueviller au fil des mouvements.
Récupérez 20 secondes.

Patineur 20 à 30 s

❶ Prenez-vous pour Candeloro ! Imitez le mouvement de glissade d'une patineuse. Si vous n'êtes pas à l'aise sur la glace, imaginez que vous êtes sur des rollers, mais en sautant plutôt qu'en glissant !
➤ Les bras de dirigent comme un pendule vers la gauche quand on saute et vice versa. Soufflez bien.
Récupérez 20 secondes.

Sprinteuse 20 à 30 s

❸ Sautillez sur place comme une sprinteuse avec des petits pas très rapides.

Réalisez ce bloc cardio-cuisses
2 ou 3 fois en soufflant 1 min entre chaque.

LUNDI
30 MIN

OBJECTIF

Abdos toniques

❶ Débutez ce cycle par 20 à 30 s en gainage en planche sur les coudes sans sourcilier. **Récupérez 10 secondes.**

Mountain climber 30 s

❷ Toujours en planche, les bras bien tendus, ramenez le genou vers la poitrine. Alternez la jambe à chaque fois. Ça va piquer !
> Gardez une haute intensité dans l'exercice.
Récupérez 20 secondes.

Mountain climber latéral 30 s

❸ Dans la même position, ramenez le genou en direction de l'épaule et alternez les jambes. **Récupérez 20 s.**

Répétez ce bloc gainage 2 fois avec 45 s de récup entre chaque.

« Yes, Vous êtes prête pour gravir le Machu Picchu ! »

LUNDI 30 MIN

Squats statiques 30 s

❶ Gardez cette posture aussi longtemps que possible en gardant toujours votre mental de feu. **Récupérez 10 secondes.**

Fentes sautées 30 s

❷ C'est parti pour une série de fentes sautées. Vous êtes au bout de votre vie ? Allez, on vous accorde des fentes normales. **Soufflez 10 secondes.**

Squats jump 30 s

❶ ❸ Finissez par des squats avec saut en extension pour avoir des fesses au top de leur forme.

> Amortissez la chute, ne faites aucun bruit à la réception du saut.

OBJECTIF Fesses hautes !

Terminez la séance par le rituel d'étirements page 19.

« Partagez vos progrès sur #30joursAuTop ! »

SEMAINE 3 | JOUR 2

MERCREDI
30 MIN

OBJECTIF

L'équilibre *parfait*

1

L'équilibriste x10

❶ Levez votre jambe pliée, puis tendez-la en tenant l'équilibre.

Bienvenue dans votre 2e training de la semaine ! Commencez par le rituel d'échauffement (page 7) en insistant bien sur les poignets.

2

Adducteurs x10

❷ Sans poser la jambe, ouvrez-la sur le côté et travaillez vos adducteurs de haut en bas.

Genou poitrine x10

❸ Toujours sans poser (héhé !), ramenez le genou vers la poitrine, puis tendez la jambe.

3

4

Battements x10

❹ Ne posez toujours pas la jambe et enchaînez en position planche, jambe à terre légèrement fléchie, mains aux oreilles. Réalisez des battements de haut en bas.

> Les fessiers sont contractés.

Récupérez 30 s.

MERCREDI
30 MIN

OBJECTIF

Fuselée comme une danseuse

Fit ballet x10

❶❷ Sur la pointe des pieds, les genoux vers l'extérieur, les bras en position 3, pliez vos jambes à 90° et avancez un bras vers l'avant. Puis, retournez en position 1 et changez de bras. Répétez 10 fois l'exercice. Imaginez-vous sur une scène à l'opéra, port de tête impeccable et sourire à toute épreuve.

Squats x10

❸ Effectuez 10 petits squats dynamiques en position basse, les bras parallèles au sol et toujours sur la pointe des pieds. **Récupérez 20 s.**

Recommencez encore une fois cet enchaînement.

MERCREDI 30 MIN

Mowgly style

❶❷ Tenez-vous debout au bout de votre tapis de yoga. Allez toucher le sol en basculant le dos bien droit vers l'avant et marchez sur les mains jusqu'à la position de la planche.

OBJECTIF De la *force*

Pompes x2

❷❸ Réalisez 2 pompes les coudes collés au buste, puis reculez les mains pour vous relever et tendez les mains au ciel. Si c'est trop dur, exécutez ces pompes sur les genoux.

Soufflez 20 s et recommencez l'enchaînement x5 et récupérez 30 s en position de l'enfant.

MERCREDI
30 MIN

OBJECTIF

On s'assouplit !

Cobra 10 s

❶ Prenez la position du cobra en baissant bien vos épaules et en décollant les jambes du sol. Respirez profondément.
> Pour vous aider, faites pression avec vos mains.

Chien tête en bas 10 s

❷ En aspirant le nombril et le périnée pour ne pas se faire mal au dos, arrivez en chien tête en bas. Déverrouillez pieds, chevilles, jambes et hanches, la tête dans l'axe de la colonne, le menton légèrement rentré.
> Décontractez vos épaules et profitez de l'étirement que procure cette posture sur deux respirations.

« *Adaptez* les postures selon vos capacités. »

Chien à trois pattes

❸ ❹ Alignez la jambe avec le dos. Ramenez le genou au menton puis tendez à nouveau.

❸ ❺ Ramenez le genou vers le coude opposé et revenez en 3.

❸ ❻ Enfin ramenez le genou vers le coude extérieur puis changez de jambe.

Récupérez 20 s en position de l'enfant.

Recommencez 3x cet enchaînement de chaque côté !

MERCREDI
30 MIN

OBJECTIF
Abdos *pilates*

Abdos au sol x10

❶ Position de départ : dos droit, jambes à 90°, bras parallèles au sol.

❷ Sur l'expiration, faites glisser les pointes de pieds tout en allongeant votre dos au sol vertèbre après vertèbre.
> Contractez les abdos pour ne pas vous blesser.

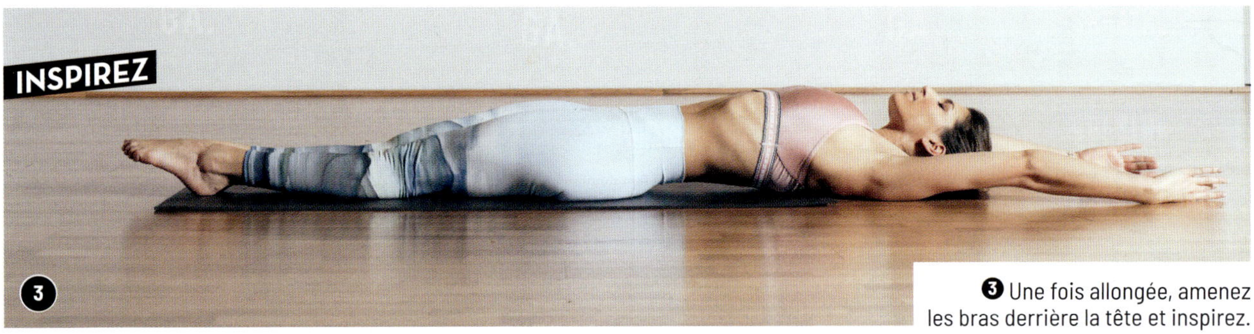

❸ Une fois allongée, amenez les bras derrière la tête et inspirez.

❹ ❺ Sur l'expiration, relevez-vous en formant un C avec votre buste jusqu'à revenir à la position 1.

Mettez-vous en mode repeat x10.

Soufflez 20 secondes.

Option abdos premium

❶ Si vous êtes fortiche, réalisez l'enchaînement page 79 en décollant les pieds du sol sur la totalité de l'exercice.

1

2

3

Obliques x10

❷ ❸ Toujours sur le coccyx, jambes au sol, glissez les pointes de pieds en réalisant une torsion du buste vers la droite et en ouvrant le bras droit vers l'arrière. Revenez à la posture 1 et changez de côté.

> Votre regard se dirige vers votre bras arrière.

MERCREDI
30 MIN

1

Obliques fesses x10

❶❷❸ En équilibre sur le coccyx, les pieds décollés du sol, les mains posées à l'arrière, basculez vos jambes à droite, puis tendez-les. Repliez-les sans jamais les poser au sol et revenez au centre. Passez de l'autre côté.
> Les genoux restent collés, les mouvements sont lents et bien décomposés.

INSPIREZ

2

« Aidez-vous de la respiration pour travailler en profondeur. »

EXPIREZ

3

Recommencez tout le bloc Pilates (de la page 78 à 80) une fois pour le plaisir !

MERCREDI
30 MIN

OBJECTIF
Boom boom *fesses*

Pont x10

❶ Relevez en contractant les fesses en haut, puis en retenant la montée comme la descente.

❷ ❸ Sans reposer votre futur popotin bombé, levez la jambe droite en pointant votre pied puis redescendez-la parallèle au sol x10.
> Le bassin ne doit pas bouger, il doit rester solide et haut.

❹ ❺ Toujours sans poser les fesses à terre, tendez votre jambe à 90° et réalisez de petits mouvements de bassin de haut en bas x10.
> Imaginez la pointe de votre pied tirée vers le ciel.

Soufflez et buvez
et appréciez les bienfaits de votre séance avant le dernier exercice !

MERCREDI
30 MIN

OBJECTIF
Tonus et assouplissement

Warrior 10 s

❶❷❸ Debout sur une jambe, levez le genou opposé, puis basculez la jambe vers l'arrière afin d'arriver en position de superwoman. Tenez 10 s sans trembler.

> Fixez un point devant vous pour vous aider.

Danseur 10 s

❹ Enchaînez en pliant la jambe tendue et en attrapant le pied avec la main. Ne vous laissez surtout pas distraire.

> « Cette posture améliore aussi la digestion ! Chic en plein dîner, vous ne trouvez pas ? »

MERCREDI
30 MIN

Arbre 20 s

❶ Remettez-vous de vos émotions en méditant en position de l'arbre. N'hésitez pas à baisser votre pied pour garder l'équilibre et obtenir une belle ouverture de hanche. Changez de jambe.

❷ Déposez la cheville opposée sur le genou afin de détendre vos fessiers. Changez de jambe.

Finissez votre séance par le rituel d'étirements (page 19) et ajoutez-y l'étirement du pigeon ci-après pour soulager fessiers, cuisses et muscles piriformes que nous avons bien sollicités.

Pigeon

❸ ❹ Penchez votre buste en avant, tirez la jambe arrière pour permettre à votre cuisse de se tourner de façon passive et que vos hanches descendent vers le sol.

> Ne laissez pas votre bassin s'incliner ou pencher sur le côté.

“*Be proud of you!*

Vous entamez maintenant la dernière séance de votre semaine #AuTop!”

SEMAINE 3 | JOUR 6

WEEK-END 1 HEURE

C'est parti pour le dernier effort de la semaine 3. Votre corps est de plus en plus entraîné et enregistre ses performances à chaque training. Ce n'est donc pas le moment d'abandonner, vous perdriez les bénéfices déjà accumulés.

Commencez par le rituel d'échauffement page 7. Sortez de chez vous s'il fait beau pour mieux vous vider la tête !

Allez gooo !

Pas chassés x3

❶ Sur 20 mètres ou autour de votre table basse : 15 s de pas chassés, jambes légèrement fléchies, en levant les bras au-dessus de la tête, 10 s de récupération, 15 s de pas chassés de l'autre côté, 10 s de récupération.

On attaque avec :

- **Footing lent** 2 min
- **Marche** avec inspirations/expirations profondes 1 min
- **Footing lent** 3 min
- **Marche** avec inspirations/expirations profondes 1 min
- **Footing** 5 min
- **Marche** 1 min

WEEK-END
1 HEURE

OBJECTIF

Cardio-training

Course arrière garde 15 s

❷ ❸ Enchaînez avec une course en arrière en maintenant une position de garde de boxe. Alternez garde gauche/garde droite, puis marchez 1 min.

Recommencez les exercices 1, 2 et 3 trois fois.

WEEK-END 1 HEURE

1

Knee up 30 s

❶ Sur place, levez les genoux alternativement pendant 20 s, puis 10 s en courant, mode sprint. **Soufflez 20 secondes.**

2

Ski de fond 30 s

❷ On passe à 30 secondes de ski de fond et avec de l'intensité, s'il vous plaît ! Repartez 10 s en mode sprint. **Respirez 20 s.**

3

Petits pas 30 s

❸ Continuez le même principe avec des petits pas. Repartez 10 secondes en mode sprint. **Soufflez 30 s.**

Recommencez les exercices 1, 2 et 3 trois fois.

Terminez avec 1 min de marche pour vous remettre de vos émotions.

WEEK-END
1 HEURE

OBJECTIF Boobs up !

Aérobic 1 min

❶ En position de micro-squat, basculez le tronc en amenant le plat de la main vers le genou et le bras opposé au-dessus de la tête. Alternez. Marquez un temps d'arrêt à la fin de la remontée en contractant toute la ceinture abdominale. **Récupérez 20 s.**

Montée genoux 1 min

❷ ❸ Continuez avec des montées de genoux en position latérale 30 s de chaque jambe. **Récupérez 20 s.**

> « *Souriez*, vous vous musclerez plus vite ! »

WEEK-END
1 HEURE

Butterfly squat 1 min

❶❷ C'est le printemps ! Prenez-vous pour un papillon en restant bien gainée. **Récupérez 20 s.**

Bras parallèles 1 min

❸ Basculez votre buste d'un côté, puis de l'autre, les bras parallèles au sol.
> Ne relâchez pas les abdos.

Trop dur ? Posez les mains sur les hanches pendant 10 s et reprenez bras parallèles sans chouiner.

Recommencez cette série de 4 exercices x3 en récupérant 30 s entre chaque.

WEEK-END
1 HEURE

Jumping classique x20

❶❷ Enchaînez 20 sauts en levant les bras au-dessus de la tête.
> Ne vous alourdissez pas avec l'effort, gardez la silhouette légère comme une plume. **Soufflez 10 s.**

Jumping genoux x20

❸❶ En gardant le même rythme, tout en levant le genou, placez les mains sous la cuisse. Alternez. **Respirez 10 secondes.**

« Gardez toujours vos objectifs en tête ! »

OBJECTIF

Beaux cuissots

WEEK-END
1 HEURE

Jumping squat
x20

❶❷ Poursuivez par des sauts en position de départ squat. Faites une pause de 10 s.
> Plus vous descendez, plus ça travaille. Eh oui !

Vous avez mal?

Les pages 89 et 90 sont à recommencer x2 ! Récupérez 1 min entre.

WEEK-END 1 HEURE

OBJECTIF

Encore + ferme

1

Planche 30 s

❶ Sur les coudes, jambes tendues et corps ultra rectiligne, usez de toutes vos astuces mentales pour tenir entre 20 et 30 s. *Easy ?* Basculez les pointes de pieds d'avant en arrière, vous rigolerez moins. **Récupérez 15 secondes.**

2

3

Push-up genoux 20 s

❷ ❸ Partez sur une série de pompes sur genoux pendant 10 à 20 secondes. **Soufflez 15 secondes.**

4

Planche équilibre 30 s

❹ Clôturez votre séance en beauté avec cette posture. Le dos bien droit, levez le bras et la jambe opposés. 15 s de chaque côté.

Repartez pour un footing très lent de 3 min et finissez par le rituel d'étirements page 9.

« Votre training semaine 3 est fini ! **Félicitez-vous !** »

Buen apetito !

Vos mix *healthy* pour garder du tonus et ne plus manger indus.

Batch cookez !

À conserver au frais dans un bocal en verre :

- Soupe de melon
- Bouillon de légumes
- Soupe de brocoli
- Soupe de betteraves
- Soupe d'asperges
- Soupe de potiron
- Soupe de fenouil
- Vinaigrette huile d'olive-balsamique

À découper et garder dans une boîte hermétique :

- Noix concassées du mercredi
- Salade de fenouil du dimanche

À cuire à l'avance :

- Épeautre du lundi
- Riz vapeur du mardi
- Carottes du mercredi
- Légumes de la ratatouille du jeudi

Lundi

Matin :
- 150 g de yaourt à la grecque
- Omelette blanche aux tomates cerises, shiitaké et basilic
- 1/4 de baguette aux céréales toastée et arrosée d'huile d'olive
- 1 tranche de melon

Midi :
- Salade d'épeautre aux herbes avec 5 crevettes, amandes et coriandre
- Vinaigrette citron, sauce soja et huile d'olive

Soir :
- Soupe froide de melon
- 1 tranche de jambon de dinde

Vendredi

Matin :
- Jus d'orange
- 2 toasts de pain complet avec beurre de coco, miel et noisettes
- 1 banane
- Thé

Midi :
- Salade de lentilles, pêche, basilic et noix de cajou
- 1/2 avocat, fleur de sel et huile d'olive

Soir :
- Soupe d'asperges blanches
- Poêlée de champignons en persillade à l'huile d'olive et à l'ail

Mardi

Matin :
- Yaourt au miel de pin, granola, pistaches et pêche blanche
- Poignée de fruits secs
- Thé

Midi :
- Salade de thon au fromage blanc, sauce soja, citron et huile d'olive
- Riz vapeur froid, petit pois et ananas

Soir :
- Bouillon de légumes (carottes, navet et chou pointu) au thym et à l'ail

Mercredi

Matin :
- Yaourt au thym citron, amandes torréfiées et basilic
- 1 pomme Granny Smith en dés
- Thé

Midi :
- Carottes cuites au four à la sauce tomate
- Gratiné de feta, estragon et noix de cajou

Soir :
- Soupe de brocoli
- Chèvre à la ciboulette, noix concassées et huile d'olive

Jeudi

Matin :
- Fromage blanc, mangue au basilic et à la pistache
- 1 toast de pain complet avec un filet d'huile d'olive
- Thé

Midi :
- Ratatouille au fromage de chèvre
- Salade d'asperges, pomme et pistaches

Soir :
- Soupe de betteraves, cerneaux de noix et pomme Granny Smith

Samedi

Matin :
- 1 tranche de jambon de dinde
- Poignée de fruits secs
- Fruits à volonté
- Smoothie banane, fraise et basilic

Midi :
- *Cheat meal* : lâchez-vous sur ce qui vous fait saliver !

Soir :
- Soupe de potiron, noisettes, estragon et huile d'olive

Dimanche

Matin :
- Jus d'orange
- 2 œufs au plat avec tomates séchées, origan, courgettes et oignon
- 1 tranche de pain aux céréales
- Thé avec 2 cuillères à café de miel

Midi :
- Fricassée de crevettes au lait de coco, asperges et carottes au curry et coriandre

Soir :
- Salade de fenouil et courgettes, pêche de vigne
- Vinaigrette huile d'olive-balsamique et estragon

Remplacez !

✔ Les crevettes, le fenouil ou le thon vous font faire des POUAAAH et des YUUURK ?! Remplacez-les par ces alternatives tout aussi succulentes :

- Pintade ou dinde pour les crevettes, céleri-branche pour le fenouil
- 2 œufs mollets ou des sardines pour le thon

Craquez !

✖ Un petit creux dans la journée ? Pour ne pas manger vos doigts, optez pour une poignée de fruits secs ou une pomme et un carré de chocolat noir à 70 % ! Alors, rassasiée ?

SEMAINE 3

POSITIVE

Polluez moins, vous sentirez bon !

UNE RÉSOLUTION PAR JOUR POUR UNE VIE PLUS *GREEN*

Cette semaine, on détoxifie l'environnement à notre échelle par ces gestes simples et écolos. Empreinte carbone réduite garantie.

LUNDI

Ne jetez pas, réparez

Maintenant que vous êtes une pro de la *slow life*, vous ne pouvez pas la jouer *fast fashion* ou *fast* tout court au niveau de la consommation. Pensez aux générations précédentes qui réparaient l'électroménager au lieu de le jeter ou qui reprisaient les chaussettes ! Aujourd'hui, imaginez un objet ou une fringue que vous voudriez jeter et offrez-lui une seconde vie en matant des tutos sur YouTube.
Une bouteille en verre détournée en bougeoir, une conserve en pot à cactus, un bout de tissu en headband ? Créativité assurée !

MARDI

Échangez, troquez

Appareil à raclette, perceuse, nettoyeur haute pression... À quand remonte votre dernière utilisation de l'un de ces objets ? Les valeurs du troc et de la transmission reviennent à la mode. Sur les sites de seconde main comme mytroc.fr, trocvestiaire.com, vinted.fr, on échange ses fringues, des objets, de la déco et même des services. Avant d'acheter, ayez le réflexe d'emprunter ou d'échanger. Vous promettez de le faire la prochaine fois ?

MERCREDI

Fabriquez vos cadeaux

Imaginez des cadeaux plus personnels, fabriquez-les, transformez des objets... Lorsque les fêtes ou les anniversaires arrivent, j'essaie de penser à un objet ludique que je pourrais créer en offrant une seconde vie à des matériaux qui traînent chez moi. Un porte-bijoux avec des morceaux de bois, un attrape-rêves avec des vieux vêtements découpés... (J'adore la chaîne de la YouTubeuse Nastazsa qui regorge de DIY bohèmes et tropi-cool). Non seulement le geste est écologique (plus de suremballage), mais il est aussi plus généreux, car vous y aurez passé du temps et l'aurez personnalisé. Et si vous vous lanciez ce défi maintenant ?

JEUDI

Dépolluez votre intérieur

Aujourd'hui, faites un check-up complet de votre habitation : aérez-vous bien tous les jours, matin et soir, au moins 15 minutes même l'hiver ? (Passez les radiateurs en mode hors gel le temps d'aérer.) Passez-vous bien l'aspirateur au moins deux fois par semaine ? Nettoyez-vous bien avec des produits 100 % naturels (type vinaigre blanc, savon noir) ? Utilisez-vous bien des peintures non nocives ? Si vous avez répondu non à tout, va falloir se prendre en main :)

VENDREDI

Économisez et purifiez l'eau

Il s'agit d'un des premiers gestes écologiques que j'ai mis en place chez moi : aucun plastique et une eau purifiée ! Je n'achète plus de bouteilles d'eau, j'ai investi dans un bon filtre relié directement à mon robinet (filtre sous évier Doulton, 70,70 € env. sur Amazon). J'ai aussi installé des mousseurs économiseurs d'eau aux robinets et sur la douche (en vente chez Lapeyre ou Castorama), j'ai même opté pour une chasse d'eau à deux vitesses ! Vous vous y mettez aussi ?

SAMEDI

Faites votre compost

Aujourd'hui, il existe des petits bacs de compostage hyper design et très sympa dans lesquels on met ses déchets organiques toute la semaine, on tourne une manivelle et on fabrique de l'engrais pour ses plantes (sur Greenweez.com). Cela leur donne un vrai regain instantané.

« C'est samedi, le jour idéal pour essayer ! »

DIMANCHE

Soyez éco-numérique

Savez-vous que les mails envoyés par une entreprise de 100 personnes représentent plus de 13 tonnes de CO_2 par an soit l'équivalent de 14 vols A/R Paris-New-York* ? Commencez par vider votre boîte mail, désabonnez-vous aux newsletters que vous ne lisez pas, installez un filtre anti-spam et utilisez le moteur de recherche solidaire Ecosia qui reverse 80 % de ses bénéfices à la reforestation. Et n'hésitez pas à vous faire des journées de sevrage numérique, comme une journée sans Instagram par exemple :) Idéal le dimanche.

Suis-je assez *green* ?

(Cochez ce qui paraît vrai pour vous)

- ❑ **Je fais le lundi vert ! Et même le mardi, le jeudi...**
- ❑ **J'ai toujours une gourde sur moi et / ou un tote bag**
- ❑ **Je privilégie la mode éco-responsable**
- ❑ **Je pense récup' ! Je vis récup' !**
- ❑ **Mon vélo, c'est toute ma *life***

« Vous avez tout bon ? Non ? *Try again* ! »

*Source : Agence de l'environnement et de la maîtrise de l'énergie (ADEME)

LUNDI
30 MIN

Vous entamez la dernière semaine de training. Un bien-être général a déjà dû se faire ressentir que ce soit dans votre corps, mais aussi dans votre tête. Idées plus claires et mollets plus galbés, vous voilà partie sur la bonne piste ! Ne lâchez pas vos bonnes habitudes et entamez ce dernier round avec toute votre énergie.

J'en suis où ?

Je passe à nouveau le test page 20 pour évaluer ma forme physique.

Résultats :

Saut à la corde

❶ Travaillez le saut à la corde en timing progressif, puis dégressif.

Sautez 10 s, récupérez 10 s, sautez 20 s, récupérez 10 s.

Puis sautez 30 s, récupérez 10 s, sautez 30 s, récupérez 10 s.

Sautez 20 s, récupérez 10 s, sautez 10 s. Vous me suivez ?

Stoppez pendant 1 min et refaites la série. **Puis récupérez de nouveau 1 min.**

Faites le calcul

POULS 1
+ POULS 2
+ POULS 3 – 200
÷ 10 = ?

Quel que soit l'indice, repartez sur l'échauffement de la page 7 suivi de cet exercice avec la corde à sauter.

LUNDI
30 MIN

OBJECTIF
On raffermit !

Planche statique

❶ C'est parti pour votre posture favorite sur les coudes. **Soufflez 20 s.**

Planche dynamique

❷ Faites une planche les bras tendus en touchant votre épaule gauche, puis votre épaule droite avec la main opposée. Le tout au rythme de la musique. **Reposez-vous 20 secondes.**

Double planche

❸ Restez sur les bras tendus, puis posez-vous sur un coude, puis sur l'autre et inversez le mouvement à chaque descente. **Respirez 1 min.**

Recommencez toute la série.

LUNDI
30 MIN

Squat Mae Geri 30 s

❶❷❸ Répétez cet enchaînement en partant de la position squat, pendant 30 s en alternant les jambes. **Soufflez 10 s.**

« Expulsez **vos idées noires** et réveillez la karatéka qui sommeille en vous ! »

LUNDI
30 MIN

OBJECTIF

De l'énergie !

Squat Mae Geri fente 30 s

❶❷❸ Partez sur le même enchaînement, mais en finissant par une fente. **Récupérez 1 min, puis répétez la série page 98-99.**

LUNDI
30 MIN

Biscotos tendus 30 s

❶❷ Avec des haltères, une bouteille d'eau ou juste votre bonne humeur, tendez vos bras face à vous et faites flamber vos biceps.

Classico biscotos

❸❹ Même exercice en partant les bras le long du corps.

LUNDI
30 MIN

Triceps 30 s

❶❷ Secouez maintenant vos triceps en position de fente. Partez le bras tendu vers l'arrière, puis pliez le coude.
➤ Restez penchée vers l'avant le dos bien droit. Seul l'avant-bras bouge et le reste est fixe.

2

1

Faites une pause de 30 s

et c'est parti pour deux autres séries biceps-triceps pages 101 et 102 !

LUNDI
30 MIN

Sprinteur 30 s

❶ ❷ Sur les starting-blocks, ramenez le genou sous la poitrine un maximum de fois pendant 30 s, puis changez de jambe. **Récupérez 10 secondes.**

LUNDI
30 MIN

Burpees x10

❶❷❸❹ Enchaînez ces quatre postures rapidement dans les deux sens.

➤ Attention à votre dos, contractez les abdos et les fessiers pour rester solide.

Remettez-vous de vos émotions pendant 30 s.

Battements sprinteur x30

❺ En position de sprinteuse, tendez la jambe et réalisez des petits battements sans jamais dépasser la ligne du bassin.

Good job! Il ne vous reste plus que le rituel d'étirements habituel (page 19) et votre smoothie vert vous attend !

« Ne bâillez pas trop fort et postez vos prouesses avec **#30joursAuTop** ! »

MERCREDI
30 MIN

Je vous réserve un training ludique aujourd'hui ! Commencez par le rituel d'échauffement (page 19) en insistant bien sur les poignets, coudes et hanches.

Munissez-vous de deux petites serviettes de bain, vieilles chaussettes, torchons ou serpillères si vous voulez joindre l'utile à la souffrance !

OBJECTIF
Cuisses sculptées

Squat glissé x10

❶ ❷ Posez un pied sur chaque serviette. Pliez une jambe, les fesses en arrière et faites glisser l'autre jambe sur la pointe des pieds. Changez de jambe.

➤ Ne négligez pas la remontée qui vous fait travailler vos adducteurs, et donc éliminer le bout de gras disgracieux à l'intérieur des cuisses !
Récupérez 30 secondes.

« Votre sol doit briller de mille feux ! »

MERCREDI
30 MIN

OBJECTIF
Taille *fine*

Squat Candeloro
x10

❶❷❸ Débutez en position squat les fesses bien en arrière, puis remontez les bras en angle droit, tendus face à vous. Redescendez en croisant la jambe arrière. Changez de jambe. **Reposez-vous 30 s en position du chat, en alternance dos rond et dos plat.**

« *Chauffez* **les muscles profonds** des fesses et des jambes ! »

MERCREDI
30 MIN

OBJECTIF

Booty up !

Pompe slider x5

❶ ❷ Mettez-vous en position de pompes sur les genoux tout en faisant glisser un bras vers l'avant. x5 de chaque côté.
➤ Les coudes doivent êtres collés aux côtes.

Récupérez 20 s entre chaque exercice en soulageant vos poignets.

Mountain climber x10

❸ Grimpez la montagne imaginaire en alternant jambe gauche et jambe droite.
➤ Les genoux doivent être rectilignes.

Mountain climber croisé x10

❹ Continuez en croisant les genoux, c'est-à-dire en touchant le coude opposé avec le genou.

Mountain climber extérieur x10

❺ Réalisez le même exercice en envoyant le genou à l'extérieur du coude.

Kick extension x10

❻ Tendez votre jambe vers l'extérieur, 10 fois de chaque côté.

MERCREDI
30 MIN

OBJECTIF Ventre plat

Pont glissant x10

❶❷ Commencez en position de pont, puis glissez une jambe, ramenez-la et faites glisser l'autre x10 de chaque côté. **Puis reposez-vous 10 s si besoin.**
➤ Gardez bien les hanches hautes, abdos et fesses solides et contractés.

Pont 2 jambes x10

❸❹❺ Plus dur : revenez en pont, puis faites glisser les deux pieds vers l'avant. Sur le retour, ramenez d'abord vos jambes le bassin bas, puis relevez les hanches pour revenir en pont. **Vous êtes bonne pour recommencer 10 fois ;)**

MERCREDI
30 MIN

Étoile filante
choré x10

❶ Position de départ : au sol, prenez appui sur une fesse et partez vers la piste aux étoiles !
➤ Les jambes sont tendues et le dos droit.

OBJECTIF
Sexy *biscotos*

❷ Glissez le bras sur le côté et revenez le buste droit.

❸ Glissez le bras vers l'avant et revenez le buste droit.

❹ Glissez le bras vers l'arrière et revenez droite.

Vous maîtrisez la choré ? Recommencez-la 10 fois et changez de côté, puis récupérez 20 secondes.

MERCREDI
30 MIN

Météorite x10

❶ Reprenez la position de départ de la choré précédente, puis venez toucher vos pieds avec la main x10 de chaque côté.
➤ Attention à l'équilibre ! Ne partez pas telle une fusée.

Buvez un verre d'eau.

OBJECTIF
Adieu bourrelets

Planche up & down x10

❷ Dégainez votre plus belle planche latérale en appui sur le coude et le pied droits. La serviette est sous votre pied gauche. Puis, montez et descendez x10 de chaque côté.
➤ Les hanches et les bras sont alignés au corps.

Planche slide x10

❸ Dans la même position, tendez votre pied et votre bras gauches perpendiculairement à votre buste x10 de chaque côté.

Vous êtes une championne !

Finissez votre séance avec le rituel d'étirements page 19 !

SEMAINE 4 | JOUR 6

WEEK-END 1 HEURE

Vous entamez la dernière ligne droite de 30 jours pour être au top ! On peut dire que vos efforts ont payé sur les trois dernières semaines. Vous vous sentez sûrement plus légère, plus endurante et plus confiante. Pour ce dernier training, pas de cadeau : on va titiller les muscles profonds, s'étirez de tout notre long grâce à des vieux collants et même faire des galipettes. Ça vous intrigue ? Alors, suivez-moi !

On se chauffe !

3 à 5 min.

Réalisez l'échauffement articulaire de la page 7.

Puis, partez sur ce training :

- Footing 2 min
- Marche 1 min
- Footing 3 min
- Marche 1 min
- Footing 4 min
- Marche 1 min
- Footing 4 min
- Marche avec inspirations / expirations profondes 1 min

Squats sautés x10

❶ ❷ Sortez votre poitrine en allant toucher le plafond grâce à l'extension des bras.

> Ne vous penchez pas en avant, n'arrondissez pas le dos.

Récupérez 30 s.

WEEK-END
1 HEURE

OBJECTIF

Je rentre dans *dans mon slim*

1

Mowgly style x10

❶ ❷ Tenez-vous debout au bout de votre tapis de yoga. Allez toucher le sol et marchez sur les mains jusqu'à la position de la planche. Même chose en sens inverse. **Réalisez 10 fois l'opération et récupérez 30 s.**

2

Fentes multi directions x10

❶❷❸ En partant de la position debout et avec la même jambe, partez en fente avant, puis allez vers l'arrière et envoyez la jambe sur le côté. Changez de jambe sans récupérer !

> « *Soyez positive* pour mieux supporter la douleur ! »

WEEK-END
1 HEURE

Biceps prière 1 min

❶ ❷ Lancez-vous dans 30 répétitions (minimum !) de ce mouvement simple et très efficace. Puis, stoppez 20 s en position haute en contractant les muscles des bras, puis reprenez le mouvement haut / bas jusqu'à 60.
Récupérez 30 s.

2
1

Et c'est parti
pour toute la série des pages 110 à 113
une seconde fois !

WEEK-END
1 HEURE

OBJECTIF

Abdos on fire

Assouplissement x5

❶ Placez l'élastique sous vos pieds. Sur l'inspiration, buste droit, étirez votre dos comme si le haut de votre tête était attiré vers le ciel.
➤ Les épaules sont basses.

❷ Sur l'expiration, arrondissez doucement le dos tout en ouvrant les bras (l'élastique se tend).

Répétez 5 fois l'exercice.

Pour cette série, munissez-vous d'élastique ou, encore mieux, donnez une seconde vie aux collants que vous avez filés en soirée.

Abdos profonds x10

❸ ❹ Reprenez la posture de départ puis, sur l'expiration, allongez-vous en déroulant le dos vertèbre après vertèbre en vous aidant de l'élastique.
➤ Rentrez bien le menton et inspirez en position allongée.

❺ ❻ Sur l'expiration, remontez en vidant tout l'air de vos poumons et revenez à la position de départ.

WEEK-END
1 HEURE

Bras arrière x10

❶❷ Effectuez dix mouvements en venant à hauteur de genoux et en décollant légèrement les omoplates.
> Restez toujours bien concentrée sur votre respiration, l'élastique en extension.

Bras arrière plié x10

❸❹ Reproduisez le même exercice avec une position de départ jambes à 90°.
Sur l'expiration, descendez la jambe droite tendue et balancez les bras en arrière, et inversement.

WEEK-END
1 HEURE

Obliques x10

❶ Même principe, mais cette fois-ci, touchez le genou droit avec le coude gauche **sur toute l'expiration**. Revenez au centre. Puis, **sur toute l'inspiration**, inversez : le coude droit vient toucher le genou gauche.

➤ L'élastique est toujours en tension.

Jambes tendues x10

❷ Les orteils vers le ciel et l'élastique en tension largeur d'épaules. **Sur toute l'expiration,** décollez les omoplates pour amener l'élastique au niveau des chevilles. Retenez la descente **sur toute l'inspiration**.

Prenez 20 s de récup si besoin en vous étirant de tout votre long sur le dos, puis relâchez les abdos. Si vous êtes au taquet, enchaînez comme une guerrière.

« *Ne lâchez rien,* les six pack sont au bout du chemin ! »

WEEK-END
1 HEURE

OBJECTIF

Bonjour souplesse

Élastique côtés x10

❶❷ Les pieds sont collés, les jambes ouvertes et les bras tendus à largeur d'épaules. **Sur l'expiration,** faites une torsion du buste en ouvrant les bras au max. **Sur l'inspiration,** revenez en position de départ tout en retenant la tension de l'élastique.

Rameur slider x10

❸ **Position de départ :** position W, bras largeur d'épaules, les pointes de pieds touchant à peine le sol et l'élastique en légère tension.

❹ **Sur une inspiration lente,** faites glisser les pointes des pieds vers l'avant, tout en levant et écartant les bras jusqu'à arriver jambes tendues et les bras derrière les fesses.

❺ **Sur l'expiration,** rentrez le ventre et réalisez le mouvement inverse pour revenir en position 1.

Pour les warriors

Partez les pieds décollés du sol si vous le sentez bien.

WEEK-END
1 HEURE

Culbute x10

❶ Devenez la reine de la culbute avec cet exercice très rigolo. Prenez d'abord une grande inspiration, en équilibre sur les fesses, l'élastique sous les pieds.
➤ Le dos est droit et les épaules basses.

❷ Sur l'expiration, partez en culbute aller-retour tout en arrondissant le dos et en aspirant le ventre.
➤ Le périnée est bien contracté.

Lorsque vous retrouvez la position de départ, inspirez profondément. Et repartez pour 10 roulades. Récupérez 20 secondes.

Ne roulez pas sur la nuque, arrêtez le mouvement aux omoplates.

Élastique aérobic x10

❸ ❹ Partez le dos bien droit, la largeur des bras légèrement supérieure à celles des épaules. Sur l'expiration, rentrez le ventre et penchez-vous vers le côté de la jambe pliée. Revenez sur l'inspiration. Puis changez de jambe d'appui.

WEEK-END
1 HEURE

OBJECTIF

Gambettes de majorette

Coup de pied x10

❶❷❸ Partez avec la jambe tendue le long du buste, puis donnez un coup de pied avant sur l'expiration. Ramenez votre jambe vers l'arrière en contractant les fessiers sur l'inspiration.

« Vous y êtes presque ! Tenez bon ! »

WEEK-END
1 HEURE

Grand écart x10

❶❷ Accrochez-vous pour ce grand écart aérien ! Sur l'expiration, ramenez la jambe droite le plus tendue possible vers votre visage, bloquez 5 s en expulsant tout l'air de vos poumons et en gagnant quelques cm de souplesse. Inspirez en changeant de jambe, puis expirez en ramenant la jambe gauche au visage.

Enchaînez ce même circuit (depuis la page 114) une fois et finissez avec le rituel d'étirements.

« Aidez-vous de votre respiration pour gagner en souplesse. »

WEEK-END
1 HEURE

Squat glissé x10

❶ ❷ Pour les challengeuses, sortez votre casque et poussez le son *Flower* de Moby à fond les ballons ! À chaque fois que vous entendrez « *Bring Sally Up* », restez en haut. À « *Bring Sally Down* », restez en squat jusqu'au prochain « *Bring Sally Up* ».

« Vous êtes **littéralement #AuTop !** Vous venez de relever le défi sport des 30 jours ! Vous vous sentez comment ? »

SEMAINE 4

ORGANIC

Buen apetito !

Pas besoin de conservateurs pour rester bien conservée. "Pimpez" votre alimentation pour ne pas rester sur votre faim.

Batch cookez !

À conserver au frais dans un bocal en verre :

- Soupe de lentilles
- Bouillon du mardi
- Soupe de céleri-rave
- Soupe de laitue
- Soupe d'artichaut
- Minestrone de légumes
- Vinaigrette huile d'olive-balsamique

À découper et garder dans une boîte hermétique :

- Carottes, courgettes et mangue du lundi
- Courgettes et haricots verts du mardi
- Courge butternut du jeudi

À cuire à l'avance :

- Tomates farcies à l'artichaut du mardi
- Quinoa du dimanche
- Lasagnes du mercredi

Lundi

Matin :
- Omelette aux épinards, chèvre frais et ciboulette
- 1/4 de baguette aux céréales toastée et arrosée d'huile d'olive
- 1 pêche

Midi :
- Salade de carottes et courgettes aux herbes, crevettes, mangue et coriandre
- Vinaigrette citron, sauge et huile d'olive

Soir :
- Soupe de lentilles au cumin
- Salade de tétragone à l'huile d'olive

Vendredi

Matin :
- 2 toasts de pain complets avec un avocat écrasé à la fourchette, coriandre et pistaches
- 1 kiwi
- Thé

Midi :
- Salade de lentilles, haddock fumé, persil émincé, blanc de volaille et noix de cajou

Soir :
- Soupe de laitue, champignons de Paris crus, noisettes et huile d'olive

Mardi

Matin :
- Jus d'orange
- 2 œufs au plat, tomates séchées, origan, courgettes et oignon
- 1 tranche de pain aux céréales
- Thé avec 2 cuillères à café de miel

Midi :
- Tomates farcies à l'artichaut
- Courgettes gratinées au chèvre frais
- Salade de haricots verts à l'échalote

Soir :
- Bouillon aux champignons, poireaux et quinoa
- Mesclun à l'huile d'olive

Mercredi

Matin :
- Fromage blanc, fraises au basilic et amandes
- 1 toast complet avec un filet d'huile d'olive
- Thé

Midi :
- Lasagne de légumes (le céleri-rave remplace les feuilles de lasagne)
- Fromage de chèvre

Soir :
- Salade de mâche et endives, bleu de brebis, cerneaux de noix et pomme Granny Smith

Jeudi

Matin :
- Yaourt, granola, grenade, noisettes torréfiées, basilic

Midi :
- Courge butternut au four à la sauce tomate
- Gratiné de feta, persil et amandes

Soir :
- Soupe de céleri-rave, brebis, ciboulette, noix concassées et huile d'olive

Samedi

Matin :
- Porridge aux flocons d'avoine, lait de coco, miel, myrtilles et fruits secs
- Fruits à volonté
- Smoothie banane, baies de goji, basilic et kiwi

Midi :
- *Cheat meal* !

Soir :
- Soupe d'artichaut, noisettes et huile d'olive

Dimanche

Matin :
- Yaourt au miel, granola, fraises et mûres, coriandre et morceaux de chocolat noir à 70 %
- Une poignée de fruits secs
- Thé

Midi :
- Salade de sucrine au citron et à l'huile d'olive
- Sardines à l'huile et crackers norvégiens

Soir :
- Minestrone de légumes, le quinoa remplace les pâtes

Drinkez !

✔ Envie d'une petite boisson à siroter toute la journée ? Remplissez une bouteille d'eau la veille et disposez-y une branche de menthe, un bâton de cannelle et 2 rondelles d'orange

Digérez !

✔ Au lieu de vous jeter comme une affamée sur votre repas, mangez doucement et appréciez votre belle assiette (que vous aurez dressée comme une finaliste de *Top Chef*) en la dégustant lentement. Plus vous prendrez le temps, mieux vous digérerez et plus vous respecterez votre satiété naturelle.

Et pourquoi pas minimaliste ?

UNE IDÉE QUOTIDIENNE POUR REVENIR À L'ESSENTIEL

Pour cette dernière ligne droite, on va encore plus loin : on change profondément notre mode de vie pour profiter davantage de ce qui nous relie à nous et à la nature.

LUNDI

Désencombrez votre maison

Vous savez déjà à quel point on peut accumuler des choses inutiles au cours de son existence, sans même jamais les regarder ou les utiliser. Votre objectif aujourd'hui ? Reprendre le contrôle sur cette abondance et ne vous entourer que de l'indispensable. Mais attention, cela ne veut pas dire vivre dans une hutte toute moche ! Vous pouvez vivre simplement dans une ambiance cosy, tout en vous sentant allégée et dépolluée des choses non essentielles qui encombrent votre bien-être intérieur. Prête à donner ?

MARDI

Revoyez vos habitudes de consommation

Vous allez peut-être avoir du mal au début, mais cela vous sera tellement bénéfique par la suite ! N'avez-vous jamais craqué sans raison pour une paire de bottes que vous n'avez presque pas mise ? La prochaine fois qu'une envie d'acheter vous prend, posez-vous les bonnes questions et… attendez. Le temps sera utile pour prendre du recul et voir si cet objet va vraiment vous rendre heureuse et pour longtemps.

MERCREDI

Recentrez-vous sur l'essentiel

Prenez-vous le temps de vous découvrir encore mieux chaque jour ? De tester de nouvelles activités et de consacrer du temps à celles que vous adorez ? Depuis quand n'êtes-vous pas allée au cinéma, au théâtre, voir une expo… Ne vouliez-vous pas apprendre une nouvelle langue, jouer de la guitare ? Et si vous arrêtiez de tout reporter au lendemain ! Ouvrez votre agenda et bookez des plages horaires pour votre simple kif. Les choses qui vous font vibrer ou qui attisent votre curiosité. Soyez créative. Ne vous fixez aucune barrière, osez creuser en vous !

JEUDI

Entourez-vous des bonnes personnes

Notre sphère relationnelle a un impact direct sur notre vie et les gens que nous fréquentons partagent leur énergie avec nous. Lorsqu'on décide d'avoir une vie plus minimaliste, on fait aussi le tri dans ses relations. Et si vous décidiez de privilégier les personnes qui vous font vraiment du bien et d'en découvrir d'autres qui vous semblent dans le même *mood* ?

« Faites le point ! »

VENDREDI

Décidez de voyager avec des valeurs

Aujourd'hui, j'ai envie d'être en accord avec mes valeurs lorsque je voyage. J'essaie de choisir des hôtels éco-responsables, d'emprunter au mieux des transports en commun, quand ce n'est pas le vélo, de choisir le train plutôt que l'avion, de ne pratiquer aucune activité nuisible à l'environnement, etc. Sur les plages ou en ville, chacun de mes footings se transforme en *plogging* ! C'est cette activité qui consiste à faire du jogging tout en nettoyant les déchets. Un vrai bienfait pour le corps et l'esprit ! Et si vous décidiez que vos prochaines vacances soient un peu plus *green* ?

SAMEDI

Gardez vos convictions

Lorsqu'on commence à adopter un mode de vie un peu différent, on peut être sujette aux commentaires ou aux critiques. N'y prêtez pas attention. Oui, vos habitudes peuvent paraître un peu lourdes pour les autres, mais ne vous laissez pas influencer pour autant. Vous avez des convictions et ce sont grâce à des personnes comme vous que les mœurs évoluent ! Félicitez-vous de votre courage et de votre détermination au quotidien.

DIMANCHE

Donnez du temps à une cause

Vous voilà déchargée de votre charge mentale (ou sur la bonne voie !), dans un rythme qui vous correspond bien, écolo jusqu'au bout des cheveux et débarrassée du superflu ! Ouf ! Vous en avez fait du chemin. Partagez toutes vos bonnes ondes pour une grande cause est un super moyen de créer un cercle vertueux et solidaire. Aujourd'hui, et pour votre dernier jour du programme #AuTop, choisissez d'offrir cette énergie nouvelle à quelqu'un qui a en besoin ❤

« Je suis fière de vous ! »

Suis-je déjà minimaliste ?

(Cochez ce qui paraît vrai pour vous)

- ❑ **Je n'achète jamais inutilement, eh ouais !**
- ❑ **Je n'aime pas accumuler, entasser, garder pour rien**
- ❑ **Je n'entretiens que des relations profondes et saines**
- ❑ **Je suis médaillée d'or en écologie**
- ❑ **Mon quotidien me ressemble totalement**

« Vous avez tout coché ? Wahou, impressionnant ! »

À VOUS DE JOUER !

Et surtout amusez-vous !

MAINTENANT QUE VOUS CONNAISSEZ LA MUSIQUE, FAITES ENTRER CETTE ROUTINE DANS VOTRE QUOTIDIEN POUR DEVENIR LA MEILLEURE VERSION DE VOUS-MÊME. RALONGEZ LES TEMPS D'EXERCICE POUR MONTER EN DIFFICULTÉ AU FIL DES MOIS ET AMUSEZ-VOUS À MIXER VOS EXERCICES PRÉFÉRÉS.

ÉCHAUFFEMENT

FACILE

- **Footing** (p.51)
- **Squats** (p.98 ou 121)
- **Fentes** (p.8)
- **Sauts écarts** (p.52)

DIFFICILE

- **CrossFit** (p.21 ou 84)
- **Burpees** (p.69)
- **Corde** (p.66)
- **Dips** (p.54)

Abdos (p.13 ou 26)

Gainage (p.91 ou 97)

- **Fesses** (p.24 ou 81)
- **Jambes** (p.47 ou 119)
- **Bras** (p.25 ou 100)
- **Taille** (p.40 ou 105)
- **Culotte de cheval** (p.12 ou 42)

EXOS LUDIQUES

- **FACILE** – **Balais** (p.36, 42)
- **DUR** – **Collants** (p.114)
- **HARD** – **Serviettes** (p.104)

DÉTENTE ET SOUPLESSE

- **Flow yoga** (p.48)
- **Pilates** (p.78)
- **Fit Ballet** (p.75)

ÉTIREMENTS

(p.19)

SPARTAN

MERCI À REEBOK, PRINCESSE TAM.TAM, OYSHO, H&M, DYI CHEZ YOGA CONCEPT,
SHOCK ABSORBER, BEM-STORE, ET FALKE POUR LE PRÊT DES TENUES.
PAGES 7 À 31 : OYSHO, PRINCESSE TAM.TAM
PAGES 36 À 61 : REEBOK, PRINCESSE TAM.TAM, OYSHO
PAGES 66 À 91 : H&M, REEBOK, OYSHO, DYI CHEZ YOGA CONCEPT, PRINCESSE TAM.TAM
PAGES 96 À 121 : SHOCK ABSORBER, BEM-STORE, REEBOK, FALKE
COUV : FALKE, REEBOK

MERCI À SANDRINE RETAILLEAU, FONDATRICE DE LA SALLE DE SPORT REEBOK,
DE NOUS AVOIR ACCUEILLIS POUR LE SHOOTING.

ISBN : 978-2-412-04727-9 | DÉPOT LÉGAL : MAI 2019 | IMPRIMÉ EN FRANCE - 89070

ÉDITIONS FIRST, UN DÉPARTEMENT D'ÉDI8
12, AVENUE D'ITALIE
75013 PARIS – FRANCE
TÉL : 01 44 16 09 00
FAX : 01 44 16 09 01
E-MAIL : firstinfo@efirst.com